Guía Visual

INTERNET AL DIA!

PARA PC IBM y COMPATIBLES

Carlos Boqué

GYR

libros para saber

Guía Visual

INTERNET AL DÍA!

PARA PC IBM y COMPATIBLES

Carlos Boqué

GYR

libros para saber

EDITORIAL GYR S.R.L. Venezuela 4136 (1211) Capital Federal
Tel.: (5411) 4958-4119/3812/1006/4905 Tel/Fax: (5411) 4958-3170
e-mail: edigyr@comnet.com.ar

Impreso en Argentina

I.S.B.N. 987-539-015-1

Este libro se terminó de imprimir en el mes de
julio de 2001 en Talleres Gráficos Nuevo Offset,
Viel 1444 - Capital Federal

NOTA DEL EDITOR: Este libro no pretende reemplazar al manual que acompaña la adquisición del programa; simplemente se ha intentado complementarlo, con el objetivo de ayudar al usuario a utilizar, en el menor tiempo posible, el extraordinario potencial que aquél encierra.
Se hace a la vez expresa aclaración de que, dado la multiplicidad y variedad de origen del equipamiento informático nacional, pudiera suceder que en algún caso muy especial la configuración de *hardware* del usuario incidiera para que algún proceso de los aquí desarrollados no reflejara, en ese sistema, los resultados descriptos en las páginas de este libro.

Indice general

Introducción

Acerca de Internet

En publicaciones anteriores hemos citado voces autorizadas que han definido a **Internet** como "un nuevo continente". Se trata, en efecto, de un continente virtual que, a diferencia de los reales, no tiene fronteras ni aduanas.

Acceder a un sitio de Dinamarca, por ejemplo, es tan sencillo y requiere de las mismas operaciones que hacerlo a un sitio local, el que podría estar ubicado en el edificio de enfrente.

Los sitios de un país sólo se distinguen de los de otro por los dos últimos caracteres de su dirección: **ar** para Argentina, **br** para Brasil, **uk** para Reino Unido, ... etcétera, siendo la operación de todos ellos similar.

Para *navegar* disponemos de diversos programas, llamados *exploradores*, que nos permitirán ingresar primero a este continente virtual y recorrerlo luego, siendo el más difundido de ellos el **Internet Explorer**, desarrollado por **Microsoft**. En este libro hemos utilizado para internarnos en el *nuevo continente virtual* la versión más reciente de este programa que, a la fecha, es la 5.5.

Un hecho importante que conviene destacar es que este explorador se encuentra incluido e integrado en el sistema operativo Windows Millennium (también en Windows 98, en versión 5.0). Para poder utilizarlo, así como también Outlook Express, el programa que nos permitirá manejar nuestra correspondencia electrónica, solamente nos será preciso disponer en nuestra PC de un modem conectado a la línea telefónica y de un **servidor**, esto es, una empresa que conectará nuestra computadora con la red.

Acerca del servidor de conexión

Para obtener la conexión en cuestión será necesario contactarnos previamente con alguna empresa que brinde este servicio, por lo general mediante alguna forma de retribución. Allí se nos darán las instrucciones precisas para instalar Internet y configurar la conexión con la red. Pero también podríamos conectarnos mediante servidores gratuitos; en este caso obtendremos la conexión mediante la Web misma, con la salvedad de que como aún no estamos conectados deberemos recurrir inicialmente a la colaboración de algún amigo que lo esté, o bien a cualquier locutorio que, a su vez, disponga de conexión. En el Capítulo 15 de esta publicación encontraremos instrucciones precisas al respecto.

Acerca de la World Wide Web

Brindar acceso a una enorme cantidad de información conforma en gran parte el atractivo de Internet, pero lo realmente significativo reside en poder hallar, ver y utilizar la información que en determinado momento necesitamos. La *World Wide Web*, sumariamente "la *Web*", es un subproducto de Internet, creado a tal efecto en marzo de 1991, sobre la base de tres premisas fundamentales, a saber:

1) La disponibilidad de una interfase de usuario absolutamente compatible.
2) La capacidad de manejar un amplio espectro de tecnologías y tipos de documentos.
3) La particularidad de permitir una "lectura universal", pues posibilita que cualquier usuario, en cualquier lugar de la red, trabajando en cualquier tipo de computadora, pueda leer el mismo documento que cualquier otro usuario en otro entorno y que, además, pueda leerlo fácilmente.

Acerca de "Internet al día - Guía Visual"

La estructura de nuestros libros de enseñanza por la imagen ha sido pensada de modo que puedan ser utilizados como guías de aprendizaje de las técnicas de funcionamiento de los programas en ellas desarrollados y, a la vez, como guías de referencia rápida para llevar a cabo cualquier tarea que el lector necesite realizar en un momento determinado.

Cada una de las operaciones que se describe en nuestras **Guías visuales** detalla puntualmente los pasos necesarios para ejecutarla, pasos que se complementan, también en cada caso, con una pantalla que muestra el resultado de cada uno de ellos, facilitando así la cabal comprensión del proceso descripto.

Todas las operaciones propuestas son explicadas claramente utilizando un mínimo de tecnicismos.

Para destacar comentarios adicionales o sugerencias para la ejecución de alguna tarea se han incluido textos breves y concisos representados por los siguientes símbolos:

Sugerencia: Presenta atajos que pueden tomarse para ejecutar una acción o alternativas para resolver rápida y fácilmente alguna tarea.

Nota: Presenta información adicional acerca de los comandos del programa.

Cuidado: Presenta advertencias previas a la ejecución de un comando que podría provocar pérdida de datos.

Qué aprenderemos con este libro

* Comenzaremos por conocer algunos aspectos básicos de Internet Explorer 5 y luego practicaremos las operaciones elementales de navegación. Así recorreremos el contenido de nuestro disco rígido y varios sitios de la WEB.

* Aprenderemos a guardar las direcciones de nuestros sitios favoritos, y a acceder esos sitios y guardar toda la información necesaria para luego navegar con ellos *offline,* es decir, sin necesidad de una conexión telefónica.

* Utilizaremos también los buscadores incluidos en Internet Explorer para encontrar cualquier tema que nos interese. Con los mismos también podremos encontrar personas que se encuentren inscriptas a bases de datos creadas especialmente con ese fin.

* Seguidamente abordaremos otro importante tema, el correo electrónico o *e-mail.* Trabajaremos en la operatoria de **Outlook Express** para crear una cuenta de correo, recibir y enviar mensajes electrónicos y aprenderemos a manejar las distintas carpetas en donde este programa almacena los documentos que enviamos y recibimos. Guardaremos en la libreta de direcciones todas aquellas direcciones de correo de las personas con las que habitualmente intercambiamos este tipo de información.

* Nos integraremos en grupos de conversación *(chat)* y veremos los aspectos básicos de este tipo de comunicación que nos permitirá hacer amigos en todo el mundo e incluso contactarnos con *famosos.*

* Como se ofrecen por este medio numerosos programas de distribución gratuita nos conectaremos con varios sitios desde los que podremos bajar programas de utilidad como **Winzip** o el buscador **Copernic**. También accederemos a **Tucows**, un sitio que ofrece una extensísima lista de programas gratuitos.

* Una vez obtenidos los programas recién mencionados aprenderemos a utilizarlos; con **Copernic** y **Google**, por ejemplo, podremos ubicar en Internet cualquier dato o tema que nos interese y con WinMX podremos compartir con otros usuarios todo tipo de archivos de música **mp3**, de video **mpg**, imágenes **bmp, jpg**, etc.

* Finalmente, utilizando los servicios de *hosting* gratuitos podremos instalar en la red nuestra propia página Web para que cualquier persona en el mundo pueda visitarla. Para facilitar su elaboración aprenderemos los principales tópicos de **FrontPage**, programa de diseño de páginas Web incluido en el paquete **Office 2000** y también en el reciente **Office XP**.

1 Conozcamos Internet Explorer 5.5

Iniciando Internet Explorer

Encontrará el icono de Internet Explorer 5.5 a la izquierda del grupo de iconos de la barra de tareas. Para ingresar a Internet...

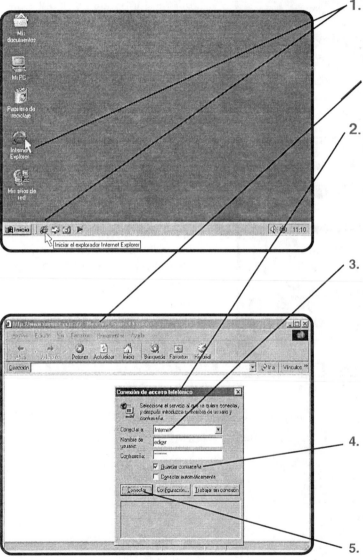

1. Haga un clic en el botón **Iniciar el explorador...** o doble clic en el icono correspondiente del escritorio y se presentará la ventana de trabajo de este programa.

2. Sobre la misma aparecerá ahora la ventana de conexión telefónica. Esta será la cara visible del programa que, modem mediante, establecerá la conexión telefónica con nuestro servidor de Internet.

3. Cómo lo muestra esta pantalla, la ventana de conexión contiene ya los datos necesarios, datos que son preestablecidos en el proceso de instalación, aunque en algunas ocasiones debe ingresarse el último de ellos: la contraseña. En ese caso, escribámosla.

4. También podríamos activar la casilla **Guardar contraseña** para evitar tener que escribir este dato la próxima vez que nos conectemos.

5. Hecho esto pulsemos el botón **Conectar** para establecer la conexión.

Los componentes del explorador

Internet Explorer 5.5 es en realidad un grupo de programas, representado cada uno de ellos por un icono u opción de menú.

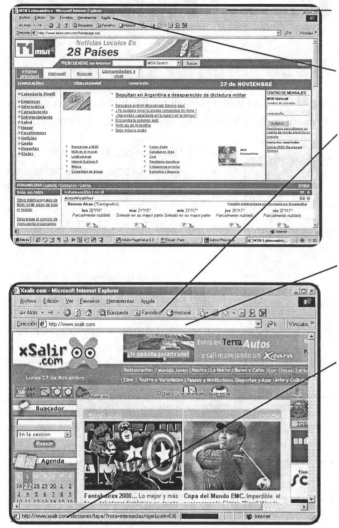

◆ **Barra de título**: Esta barra muestra el nombre del programa y el del sitio Web abierto.

◆ **Barra de menú**: Esta barra agrupa a todos los comandos que pueden ejecutarse en Internet Explorer.

◆ **Barras de herramientas**: Estas barras, formadas por iconos, permiten ejecutar cómoda y rápidamente los comandos de Internet Explorer. Sólo deberá hacer un clic sobre el icono que necesita y el comando se ejecutará.

◆ **Barra de direcciones**: Aquí podemos escribir la dirección del sitio Web al que deseamos conectarnos.

◆ **Barra de estado**: Esta barra indica las distintas operaciones que se están llevando a cabo, como por ejemplo "*Conectando*", "*Sitio Web encontrado, esperando respuesta*", etcétera.

Uso de la barra de herramientas

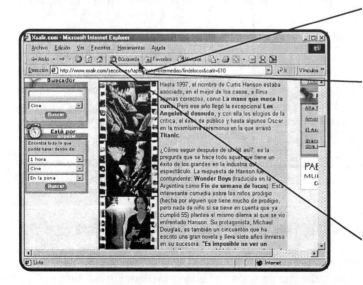

1. Ubique el señalador del *mouse* sobre alguno de los botones; el mismo se resaltará.

2. Pulse un clic y el comando correspondiente al botón se ejecutará. En este caso, se trata del comando de **Búsqueda**, y se abrirá dentro de la ventana del Explorer el panel de *Búsquedas* que estudiaremos más adelante.

3. Pulse nuevamente el mismo botón y el panel correspondiente se cerrará.

Uso del menú

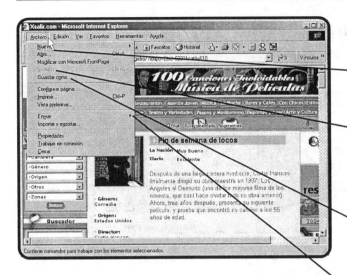

1. Pulse en una de las opciones del menú para abrir la lista correspondiente.

   ♦ Algunas opciones se mostrarán grisadas, lo que nos indica que si bien pertenecen al menú desplegado, no es posible su ejecución en este momento.

   ♦ Si la opción termina con puntos suspensivos esto significa que al pulsarla se abrirá un cuadro de diálogo.

   ♦ Si la opción está indicada con un triángulo sólido, al pulsarla abrirá un submenú.

   ♦ Cuando una opción se indica de este modo, la misma actúa como un conmutador que permite activar o desactivar la función correspondiente.

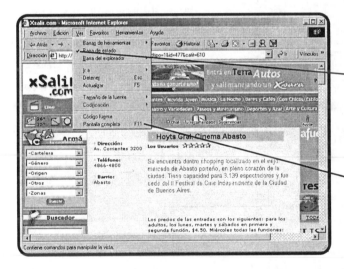

2. Cuando una opción muestra un código de teclas se trata de un comando de teclado. Pulsando dicha tecla se ejecutará el comando sin necesidad de abrir nungún menú. Por ejemplo, pulse F11 para expandir la ventana del Explorer a toda la pantalla.

Menús de botón derecho

1. Si pulsamos sobre algún objeto con el botón derecho, se abrirá un menú con todos los comandos que se pueden ejecutar para ese objeto.

2. Pulsemos en uno de los comandos para ejecutarlo.

Los cuadros de diálogo

Muchas opciones de menú aparecen seguidas de tres puntos y aprendimos ya que las mismas nos llevan a distintos cuadros de diálogo.

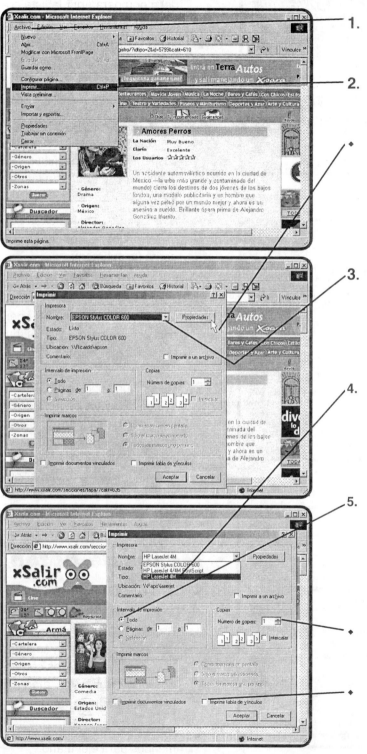

1. Haga un clic en el menú **Archivo** y visualizará la lista con las opciones de este menú.

2. Haga un clic en *Imprimir* y se abrirá el cuadro de diálogo correspondiente.

* **Cuadros de diálogo secundarios**: pulsemos sobre el botón *Propiedades* para acceder a un nuevo cuadro de diálogo que nos permitirá configurar el tipo de impresión que efectuaremos.

3. **Listas desplegables:** Los ítems que presentan este aspecto contienen una lista de opciones. Pulsemos aquí para mostrar los elementos que componen dicha lista.

4. Pulsemos sobre algún elemento de esa lista para activar la opción correspondiente, por ejemplo aquí elegiremos de este modo en qué impresora imprimiremos.

5. **Grupos de opciones:** de este modo se presentan opciones alternativas. Sólo una de ellas podrá estar activa. Pulsemos sobre alguna, por ejemplo la segunda, para luego seleccionar las páginas a imprimir.

* **Contadores:** Aumente o disminuya el valor del parámetro pulsando las flechas arriba/abajo.

* **Casillas:** Pulsemos una y otra vez para activar o desactivar.

Utilizando las barras de desplazamiento

1. Pulsemos sobre el deslizador y, sin liberar el botón del *mouse* llevemos hacia arriba y hacia abajo para ver otras partes de la imagen.

2. También podemos pulsar una y otra vez sobre los extremos de la barra para lograr el mismo fin pero en pasos más cortos.

Utilizando paneles

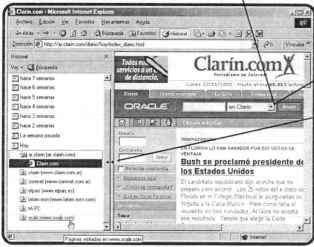

1. Pulsemos sobre alguno de los botones para abrir un panel.

2. Coloquemos el señalador exactamente en la línea divisoria y cuando aparezca una flecha de doble punta pulsemos y desplacemos a derecha e izquierda para dar al nuevo panel el tamaño adecuado.

Utilizando la ayuda

Accederemos a la ayuda para la configuración de opciones de Internet del Explorador.

1. Pulsemos sobre *HERRAMIENTAS* y luego sobre *Opciones de Internet*.

Se presentará el cuadro de la siguiente figura.

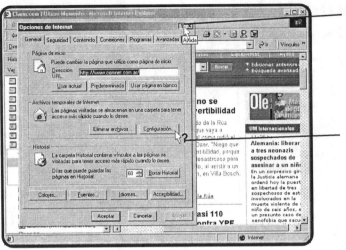

2. Pulsemos seguidamente el botón *Ayuda*. El señalador se transformará en un icono de ayuda.

3. Con ese icono pulsemos sobre el objeto de este cuadro de diálogo del que necesitamos ayuda, por ejemplo un botón o un control donde deben ingresarse datos.

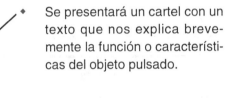

◆ Se presentará un cartel con un texto que nos explica brevemente la función o características del objeto pulsado.

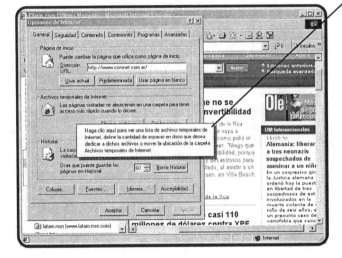

Obteniendo más ayuda

Si la ayuda de la figura anterior nos resultara insuficiente, podemos obtener explicaciones más completas recurriendo al menú *AYUDA*.

1. Abramos el menú *AYUDA* y seleccionemos la opción *Contenido e Indice*. Aparecerá una nueva ventana que nos permitirá navegar por los libros de ayuda de Internet Explorer 5.5 (ver página siguiente).

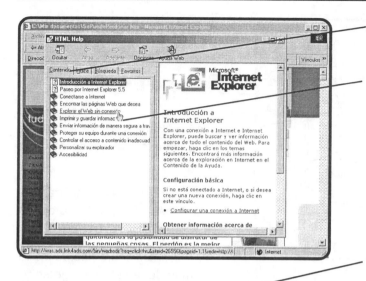

◆ La solapa **Contenido** aparece en primer plano.

2. Pulsemos sobre el libro que contenga el tema que nos interese.

◆ El libro se expandirá mostrándonos su contenido.

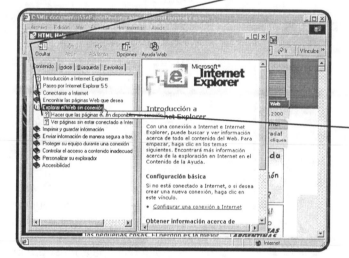

3. Pulsemos ahora sobre alguno de los temas de ese libro

◆ El tema se mostrará en el panel de la derecha.

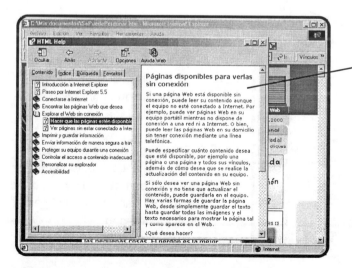

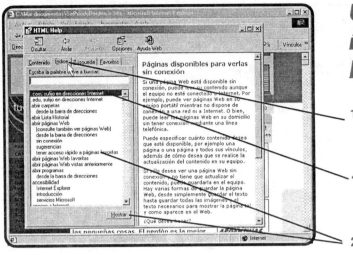

Utilizando el índice y la búsqueda

1. Si pulsamos la solapa **Indice** el cuadro tomará el aspecto de la figura:

   ♦ El panel izquierdo mostrará los títulos de la ayuda en orden alfabético.

2. Pulsemos sobre uno de los temas de la lista y luego sobre **Mostrar**.

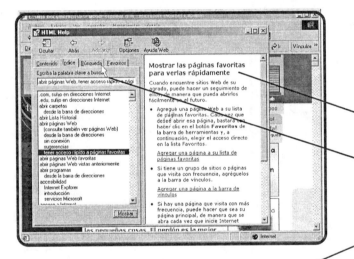

Sugerencia:

En lugar de pulsar el botón **Mostrar** podemos dar *doble clic* sobre el tema.

♦ Se presentará en el panel derecho el tema correspondiente.

3. Pulsemos la solapa **Búsqueda**, y el sector izquierdo cambiará, como se muestra en la siguiente figura.

4. Escribamos la palabra sobre la que necesitamos ayuda.

5. Pulsemos el botón **Enumerar temas**.

   ♦ Se mostrará debajo una lista de los temas que contienen la palabra solicitada.

6. Pulsemos sobre uno de esos temas y luego el botón **Mostrar** (o bien demos doble clic sobre el tema) para ver el texto en el sector derecho.

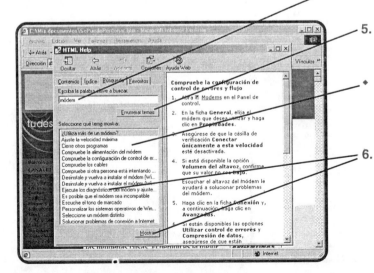

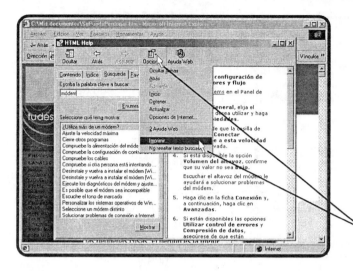

Imprimiendo las ayudas

Para obtener una copia impresa de la ayuda hagamos lo siguiente:

1.   Utilizando alguno de los métodos vistos anteriormente, mostremos en el sector derecho el texto de ayuda que nos interesa.

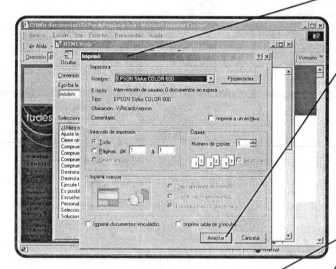

2.   Abramos el menú **OPCIONES** y pulsemos sobre *Imprimir*.

◆   Aparecerá el cuadro de diálogo *Imprimir*.

3.   Pulse el botón *Aceptar* y la ayuda quedará impresa.

Más ayuda de la Web

El sitio Web de Microsoft nos ofrece una cantidad de ayudas siempre actualizadas sobre diversos temas.

1.   En la ventana de ayuda pulsemos el botón *Ayuda Web* y en el texto que se presentará pulsemos sobre el hipervínculo *Soporte técnico en línea*, para abrir la página de ayuda de Microsoft.

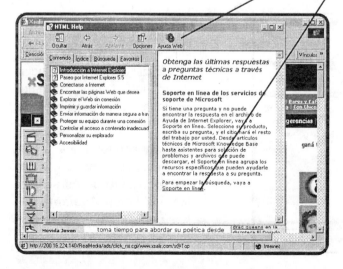

Allí encontraremos numerosos vínculos que nos conducirán a los correspondientes sistemas de ayuda que contiene este sitio: **Knowledge base** (base de datos de ayuda) y **FAQ's por producto** (preguntas más frecuentes) son sólo un par de ellos. Es de destacar el sitio *Area de descarga* que nos permitirá bajar desde la red distintos módulos para actualizar nuestro sistema.

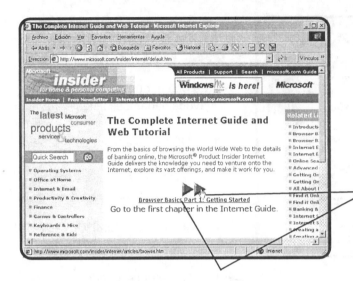

Una visita guiada

1. Abramos el menú de la tercera figura de la página 10 y pulsemos sobre la opción **Paseo por Internet Explorer**. Se presentará la ventana mostrada aquí.

2. Pulsemos sobre los triángulos rojos o sobre el hipervínculo que se muestra debajo y se presentará la primera página del manual online.

 Nota:

Un hipervínculo es una palabra o conjunto de ellas o una imagen, las que al pulsarlas nos conectan con una página Web. Esta página podrá estar ubicada en nuestra PC o en alguna de la red local (varias PC conectadas entre sí mediante un cable especial), o bien en cualquier sitio WEB del planeta.

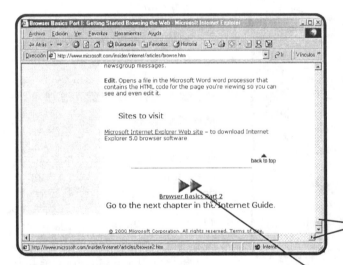

2. Utilicemos los elementos de desplazamiento que ya conocemos para leer toda la información allí contenida.

3. Hecho esto dirijámonos al pìe de esta pantalla para encontrar el hipervínculo que nos permitirá avanzar a la siguiente página del manual. Así avanzaremos por todas las páginas de dicho manual.

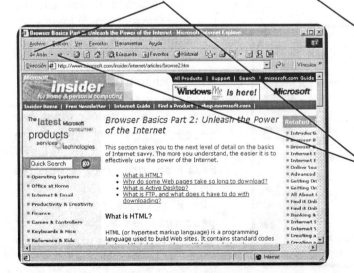

4. Para retroceder a una página anterior, aquí también nos servirá el botón **Atrás**. Así se habilitará el botón **Adelante** que nos permitirá avanzar a la siguiente página ya vista.

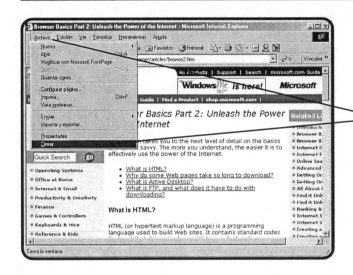

Terminando la sesión

1. Pulsemos sobre **ARCHIVO** y luego sobre la opción **Cerrar** de ese menú, para desconectarnos y cerrar la sesión de Internet.

También podemos cerrar la sesión pulsando el botón **Cerrar** del ángulo superior derecho de la ventana.

2 Comencemos a navegar

Ingresando una dirección

Si observamos las figuras del capítulo anterior notaremos que en la barra de direcciones se muestran siempre textos distintos.

Se trata de las direcciones Web de los distintos sitios cuya información vemos en la pantalla. Cada una de estas direcciones de Web (o dirección **URL**, por *Uniform Resource Locator*) es única e identifica y ubica a la página correspondiente, la que responderá enviando a nuestra PC su información sin que tenga ninguna relevancia en qué lugar del mundo nos encontremos

No tardará más tiempo una página ubicada en Sydney que otra residente en algún servidor de nuestra ciudad (ver nota).

Comencemos entonces por escribir una dirección URL e intentemos acceder a la página correspondiente.

 Nota:

Algunas páginas demoran más en aparecer que otras pero esto no se debe a la distancia sino al mayor o menor tráfico de información en distintos nodos de la red. Puede ocurrir que una determinada página tenga decenas de miles de solicitudes de acceso simultáneas y en ese caso se producirán demoras en la misma y en todas las demás páginas que se encuentren en el mismo servidor.

1. Pulsemos sobre la barra de direcciones y escribamos por ejemplo:
   alternativagratis.com

2. Pulsemos luego el botón *Ir* o bien la tecla $\boxed{\text{Enter} \hookleftarrow}$

* Aparecerá la página inicial de este sitio.

 Nota:

Para que esto sea posible, es necesario obtener un acceso mediante un servidor. Se trata de una empresa que posee el equipamiento necesario para establecer una conexión de nuestra PC con la red mundial. En la introducción de este libro podemos encontrar las instrucciones precisas para conseguir esta conexión.

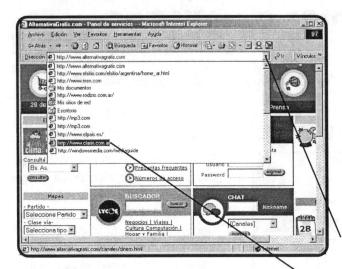

 Nota:

La dirección completa del sitio es en realidad **http://alternativagratis.com/** o **http:/www.alternativagratis.com/** como se muestra en las figuras pero, como habremos notado, no es necesario tipear los códigos y prefijos pues el mismo explorador se encargará de agregarlos con la función *Autocompletar*.

Utilizando la lista

1. Pulsemos el el botón **extender lista** y se abrirá una lista de las últimas direcciones que hemos visitado.

2. Pulsemos sobre alguna de las direcciones de la lista (en nuestro caso elegimos **http:// www .clarin. com** y la página correspondiente se presentará.

Reconociendo los hipervínculos

Si recorremos con el *mouse* la página Web que accedimos notaremos algunos cambios. Veamos;

1. Pasemos el señalador por distintos lugares de la imagen y notemos como éste se transforma en una mano.

♦ Al pasar con el *mouse*, alguno de los objetos se mostrará momentáneamente resaltado mientras que otros no variarán.

♦ La barra de estado nos muestra la dirección URL correspondiente a cada uno de los objetos que recorremos. Esta información adicional puede resultarnos de utilidad para decidir si pulsamos allí para cambiar de página o seguimos buscando la dirección en otros objetos de la página.

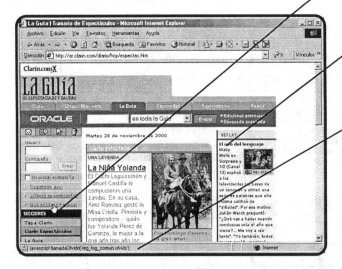

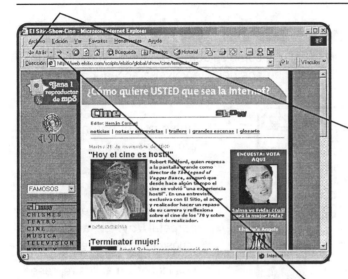

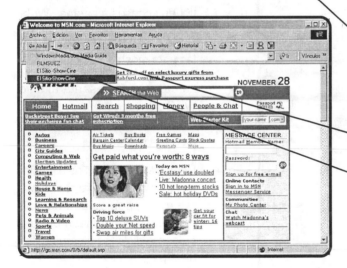

Utilizando los controles de navegación

1. Pulsemos el botón *Retroceder* para mostrar la página que se encontraba en la pantalla antes que la actual. Podemos retroceder hasta que lleguemos a la primera de las páginas ya vistas.

A partir del momento en que retrocedemos, ya existe por lo menos una página a la que podemos avanzar y por lo tanto se habilitará ese botón.

2. Pulsemos ahora *Avanzar* para posicionarnos en las páginas siguientes. Podemos pulsar este botón hasta que lleguemos a la última de las páginas ya vistas.

3. Abramos la lista de las páginas anteriores.

4. Pulsemos sobre una de ellas para mostrarla. De esta forma podemos saltar a cualquiera de las imágenes anteriores sin pasar por las que se encuentran en medio.

5. Veamos las páginas posteriores.

6. Pulsemos sobre una de ellas para mostrarla.

Si la página a la que avanzamos o retrocedemos fue en su momento cargada en su totalidad, la misma se mostrará desde el *caché* (zona donde se almacena todo lo que vemos), por lo que su aparición será más veloz. Por el contrario, si cuando apareció la página por primera vez, pasamos a otra página sin dejarla el tiempo necesario, cuando volvamos a acceder demorará un tiempo extra a fin de completar la carga de la misma.

La historia de los sitios visitados

Vimos en el capítulo anterior cómo se abre un panel. Volveremos a abrir aquí el panel Historial, que nos permite volver a acceder a sitios que hemos visitado días anteriores.

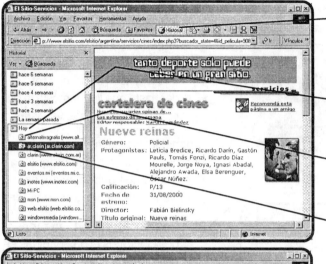

1. Pulsemos el botón **Historial** para abrir el panel que se muestra aquí.

• Allí vemos en forma expandida la carpeta **Hoy**. En la misma se muestran dos tipos de elementos:

• Los iconos amarillos representan carpetas, que a su vez contienen accesos a páginas Web.

2. Pulsemos alguna de esas carpetas para mostrar su contenido.

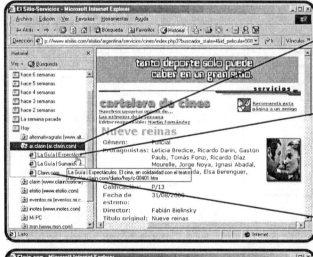

• La carpeta representa al sitio WEB que no es más que dirección de la página principal de dicho sitio.

• Debajo se muestran las direcciones secundarias, que representan a las páginas que accedimos en su oportunidad pulsando sobre distintos hipervínculos de la página principal.

3. Pulsemos sobre uno de esos vínculos para mostrar la página correspondiente.

Nota:
Si la página no se encontrara en el caché o bien faltaran o estuvieran desactualizados alguno de sus componentes y no nos encontramos en conexión, la misma se establecerá automáticamente para completar los datos de la página solicitada.

4. Pulsemos alguno de estos iconos para ver días anteriores.

Accediendo a páginas visitadas días anteriores

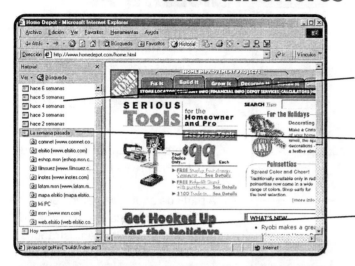

Como vemos, la lista **Historial** muestra en primer término iconos correspondientes a semanas anteriores.

- Distintos iconos agrupan por semanas las direcciones accedidas

- Pulsando sobre cualquiera de ellos, la carpeta correspondiente se expandirá mostrándonos su contenido.

- El último icono agrupa las direcciones accedidas en el día de la fecha.

 Nota:
Si comenzamos a navegar recién hoy o hace unos pocos días, no tendremos todos estos iconos de historia.

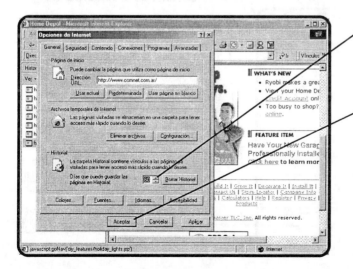

Cambiemos las opciones de Historial

1. Abramos el menú **HERRAMIENTAS**.

2. Pulsemos sobre **Opciones de Internet** para abrir el cuadro correspondiente.

3. Podemos ahora escribir (o modificar pulsando las flechas) la cantidad de días que deseamos guardar de la historia.

4. Pulsemos **Aceptar** para dejar establecido el cambio y volver a la ventana del Explorador.

 Nota:
Si bien podemos borrar el historial, no es necesario hacerlo ya que el mismo ocupa muy poco lugar.

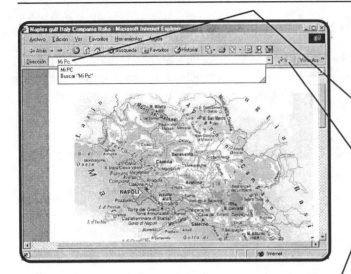

Exploremos nuestra PC

1. Pulsemos en la barra de direcciones y escribamos **Mi Pc**.

2. Pulsemos <kbd>Enter ↵</kbd> o bien el botón **Ir**.

♦ Se presentará el contenido de Mi Pc que ya conocemos.

A partir de aquí utilizaremos el explorador de la manera que ya sabemos trabajar con Mi Pc, demostrándose con esto que Mi PC y el Explorador son la misma cosa.

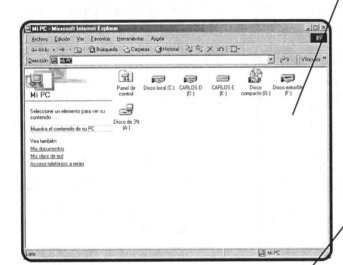

3. Seleccionando unidades y carpetas ubiquemos alguna que contenga imágenes.

Nos mostrará esas imágenes como iconos.

4. Pulsemos sobre alguno de esos iconos.

♦ Veremos una muestra de la imagen correspondiente en el sector izquierdo del panel.

Nota:
También se mostrará una miniatura si el objeto seleccionado es una página Web.

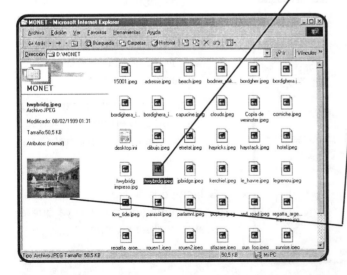

5. Ubiquemos algún objeto tipo página Web (con extensión de archivo HTM).

6. Pulsemos sobre su icono y veremos una miniatura de la página correspondiente.

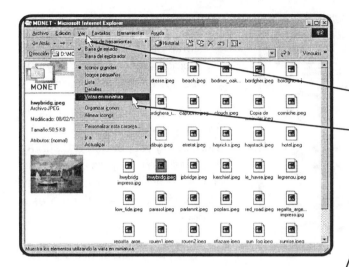

Ver miniaturas de todas las imágenes

7. Abramos el menú **VER**.

8. Pulsemos sobre **Vistas en miniatura**, para activar esa opción.

◆   Veremos el contenido de la carpeta como un mosaico de imágenes.

Transformar el sector izquierdo en un visor de imágenes

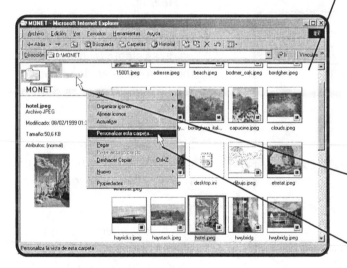

Podemos aplicar una plantilla HTML (un esquema de página Web) para mostrar de esa forma a la carpeta que tenemos a la vista.

9. Pulsemos con el **botón derecho** en algún lugar libre de la ventana de Mi PC.

10. Del menú contextual que se presentará seleccionemos **Personalizar esta carpeta**.

Con este comando iniciaremos un asistente que convertirá a la ventana de mi PC aplicando elementos de uso común en páginas Web.

La primera ventana de este asistente nos explica de qué se trata.

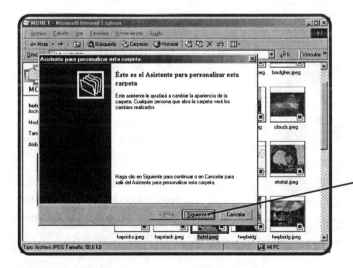

11. Pulsemos **Siguiente** para presentar la segunda ventana del asistente.

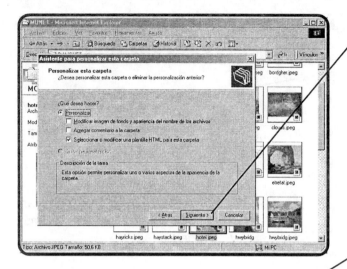

12. En la segunda ventana del asistente dejemos las opciones tal como se encuentran allí y pulsemos en botón *Siguiente*.

La pantalla de asistente que sigue nos muestra una lista de posibilidades que corresponden a distintas plantillas que podemos aplicar para cambiar el aspecto y la funcionalidad de la ventana de Mi PC para esta carpeta.

13. Pulsemos para seleccionar *Vista previa de la imagen* y luego *Siguiente*.

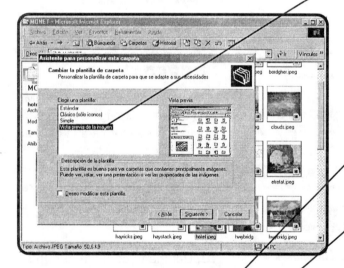

14. Se presentará una última ventana de asistente (similar a la primera de ellas) en donde pulsaremos *Finalizar* para dar por terminada la transformación.

◆   La nueva ventana mostrará en el sector izquierdo un panel de visualización de imágenes.

◆   Además de presentar ahora una muestra algo más grande que en la ventana anterior, este panel de manejo de imágenes dispone de algunos comandos:

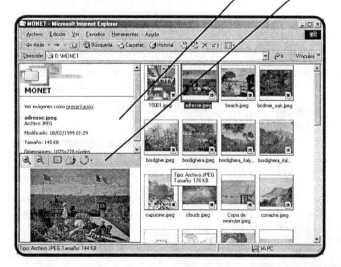

   Transforma al señalador del *mouse* en un icono de lupa de agrandar ⊕. Pulsando luego sobre el sector de imagen ésta se acercará. Seleccionando el segundo icono, lograremos el efecto contrario.

   Pulsando este otro botón se mostrará una vista previa de la imagen en una ventana aparte (página siguiente).

Impresión de la imagen

15. Al igual que en la ventana anterior disponemos aquí de un botón de impresión, que nos presentará primeramente un aviso: *Desea ver algunas sugerencias para conseguir los mejores resultados al imprimir las imágenes?*.

Si contestamos *Sí*, se presentará el sistema de ayuda mostrándonos los temas correspondientes a impresión de imágenes.

♦ Ya sea que optemos por *Sí* o por *No* se presentará el cuadro de impresión.

16. Si necesitamos cambiar algún parámetro de la impresión pulsaremos **Propiedades**. Estos parámetros dependen de la impresora de qué se trate.

17. De lo contrario pulsaremos *Aceptar* para obtener una copia impresa de la imagen.

Los iconos de ajuste de imagen nos permiten:

 Mostrar la imagen en su tamaño real (como se ve en la primera figura de la página), o bien:

 Ajustar la imagen al tamaño de la ventana de modo que ésta se muestre completa.

 Pulsando el icono de extensión se presentarán las opciones de rotación. La imagen rotará en el sentido indicado y **quedará grabada en el archivo de ese modo.**

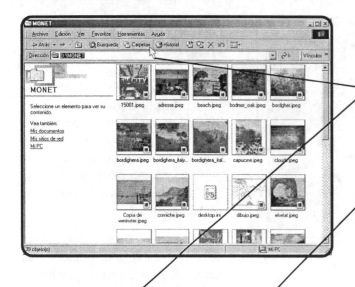

El panel de carpetas

1. Si pulsamos el botón **Carpetas**, se presentará a la izquierda un nuevo panel en donde podremos ver el contenido de Mi PC en una forma gráfica.

El escritorio es mostrado como ítem principal, lo que nos indica que todo recurso al que podamos acceder se encontrará comprendido dentro del *Escritorio*.

 Sugerencia:

Para ver el **escritorio** también podemos pulsar en el grupo de iconos en la barra de tareas.

Todo objeto (archivos o carpetas) contenido dentro de otro (carpetas o unidades) se mostrará desplazado hacia la derecha.

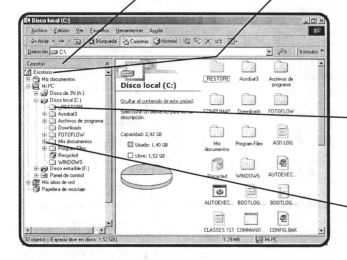

2. Este símbolo ubicado a la izquierda indica que el ítem correspondiente contiene más objetos. Pulsemos sobre el símbolo y aparecerán debajo todos los objetos contenidos.

3. El símbolo cambiará, por (-) lo que nos indica que al pulsarse nuevamente, la rama correspondiente se contraerá, volviendo a su estado anterior.

4. Pulsando nuevamente **Carpetas**, cerraremos el panel correspondiente quedando disponible todo el lugar de la ventana para trabajar con los objetos

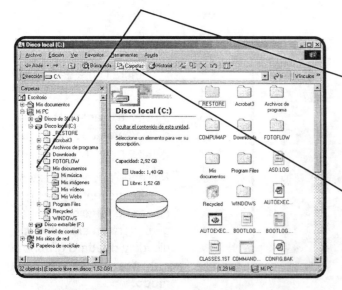

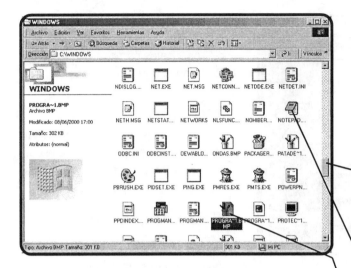

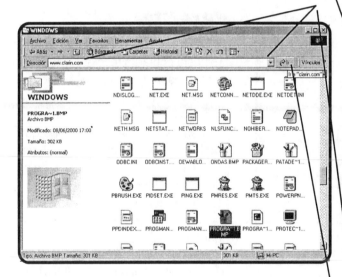

Ejecutar aplicaciones

Para ejecutar una aplicación (archivos **.exe**) o para abrir un archivo (**.doc**, **.bmp**, **.jpg**, **.xls**) pulsaremos **doble clic** sobre el icono que representa a ese objeto en Mi PC.

1. Por ejemplo, ubiquemos la carpeta **C:\Windows** desplacemos hacia abajo con la barra hasta ubicar el icono correspondiente a **Notepad**.

2. Pulsemos doble clic sobre ese icono para abrir la aplicación correspondiente (un pequeño editor para textos sencillos).

3. Pulsemos doble clic sobre un archivo de imagen y se abrirá el programa asociado con este tipo de archivos (Paint).

Nota:
Cuando se trata de un archivo, Windows ejecuta el programa que tiene asociado con el mismo; por ejemplo, al pulsar doble clic sobre un archivo **.xls**, se ejecuta Excel y éste abre el archivo elegido.

Volver a la Web

4. Para volver a acceder a sitios **Web** simplemente escribamos en la barra una dirección o seleccionémosla de la lista.

5. Luego pulsaremos `Enter↵` o el botón **Ir** para activar la conexión Internet y traer la información de la página solicitada.

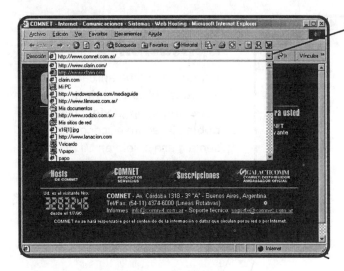

Si abrimos la lista de los últimos accesos, se mostrarán tanto las direcciones locales como las de Internet. Podemos elegir unas u otras.

 Nota:

Si Mi PC se encuentra mostrando recursos locales (por ejemplo la carpeta *Mis documentos*) la lista mostrará sólo los recursos locales.

Guardemos las direcciones de nuestros sitios favoritos

En muchos casos, es difícil recordar (o hasta copiar) direcciones de algunos sitios, pero no es necesario hacerlo. Internet Explorer incluye una función que nos permite guardar fácilmente todas las direcciones que podríamos utilizar para luego elegirlas de una lista y así acceder a los sitios correspondientes.

Estando en la ventana del Explorer la página del sitio que deseamos recordar hagamos lo siguiente:

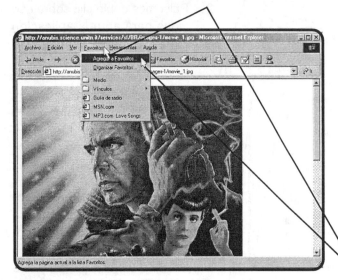

1. Abramos el menú **FAVORITOS** y seleccionemos la opción *Agregar a Favoritos*.

2. Se presentará un cartel de aviso donde pulsaremos *Aceptar* para incorporar la dirección de la página a la lista de *FAVORITOS*.

•   Si habilitáramos *Disponible sin conexión*, se guardará toda la información de la página y esto nos permitirá acceder a la misma en el estado en que se encontraba cuando la guardamos, sin necesidad de conectarnos.

3. Naveguemos hacia cualquier otra página y luego abramos el menú **FAVORITOS**.

Aparecerá la opción agregada.

4. Pulsemos sobre la misma y volveremos a tener en la pantalla la página deseada.

3 Personalicemos el Explorer

Cambiemos la página inicial

Normalmente el proceso de instalación de Windows 98/Me deja establecida como primera página (la que se abre cuando se ejecuta el Explorador) a una página de Microsoft que se corresponde con el país elegido durante el proceso de configuración regional.

En nuestro país **http://www.latam.msn.com/homepage.asp** es la página más corrientemente utilizada.

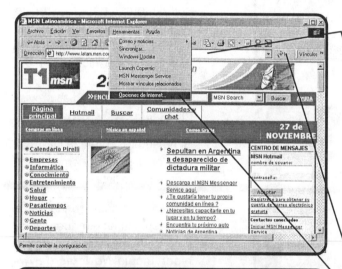

Ahora colocaremos en su lugar a otra interesante página, también de la empresa Microsoft.

1. Pulsemos sobre la barra de direcciones y escribamos la dirección de la página que deseamos que aparezca inicialmente cada vez que establezcamos la conexión, por ejemplo, para obtener la página de la siguiente figura escribamos: **http://windowsmedia.com/mediaguide**

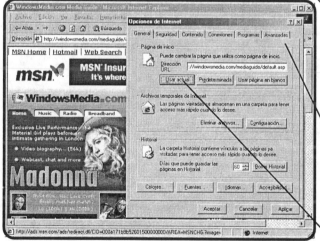

2. Pulsemos **Ir** para que la misma se presente. De esta forma estaremos seguros que no cometeremos ningún error..

3. Abramos el menú *HERRAMIENTAS* y seleccionemos *Opciones de Internet*.

* Se presentará el cuadro de configuración que vimos ya en el capítulo anterior.

4. Pulsemos el botón *Usar actual* para que la dirección de la página que tenemos a la vista quede establecida, en adelante como nuestra página inicial de conexión.

Nota:

La página de MSN correspondiente a nuestra área de residencia (la primera de las mostradas aquí) es un medio adecuado para ingresar a la red. La misma presenta una serie de opciones interesantes internacionales y locales. Mostraremos brevemente algunas de sus posibilidades.

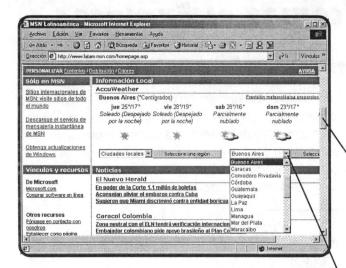

Qué es Microsoft Network (MSN)

MSN es el sitio Web de Microsoft que proporciona una puerta de enlace a Internet.

1. Pulsando sobre la barra vertical desplacemos para mostrar la información que se encuentra debajo. En esta página inicial disponemos de información del clima local y pronósticos para los próximos cuatro días provistos por **AccuWeather**.

2. Si no se presentara la información local, seleccionemos la región en esta lista.

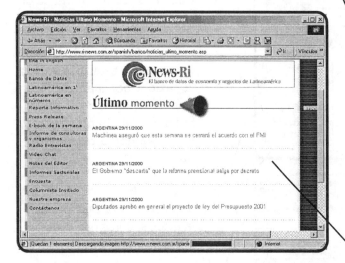

3. Volvamos a subir con la barra de desplazamiento que utilizamos en **1**, hasta encontrar el hipervínculo *Noticias de Argentina* (podemos verlo sobre la derecha en el borde inferior de la primera figura del presente capítulo).

    ♦ Se presentará una lista con las noticias de último momento de nuestro país.

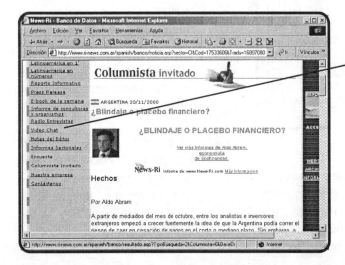

♦ A la izquierda disponemos de varios vínculos que nos llevan a temas de interés general como encuestas, columnistas y opiniones de economistas y especialistas. En el sector derecho disponemos de otros vínculos de interés.

Volver al principio

1. Si hemos navegado por varias páginas, podemos volver fácilmente a la primera de las páginas visitadas pulsando el botón *Home Page*.

Organizar los botones de una barra

Utilizaremos estas barras para hacer gran parte de nuestro trabajo, de modo que sería una buena idea aprender a organizar sus botones.

Agregar y quitar botones

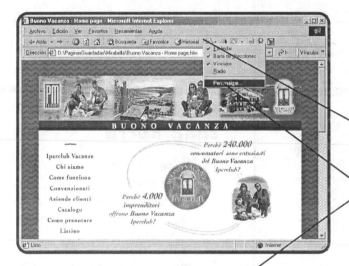

1. Pulsemos con el botón derecho en algún lugar libre de la barra que deseamos personalizar.

2. En el menú emergente seleccionemos *Personalizar*. Aparecerá el cuadro de diálogo correspondiente.

3. En la lista de botones disponibles pulsemos sobre el botón que deseamos agregar

4. Pulsemos el botón *Agregar* para incorporar ese botón a la barra.

5. La lista de la derecha muestra los botones actuales de la barra. Pulsemos sobre el que deseamos eliminar. El botón *Quitar* se habilitará.

6. Pulsemos *Quitar* y el botón elegido será eliminado de la barra, pasando a la lista izquierda de los botones disponibles.

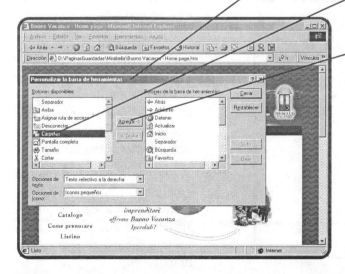

Cambiar el orden de los botones

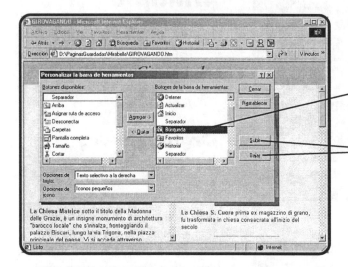

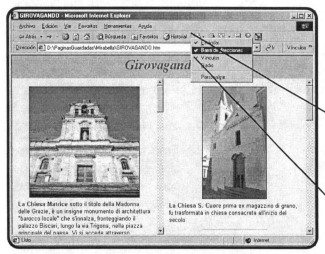

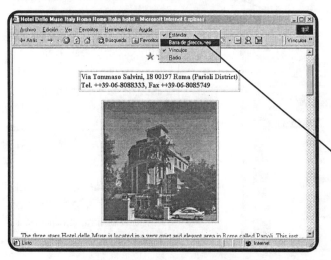

Si trabajamos en modos de video de baja resolución (p. ej. 640 x 480), las barras no se verán completas. En ese caso, podemos dejar a la izquierda aquellos botones que utilicemos más frecuentemente.

1. Pulsemos en el panel derecho sobre la opción que deseamos desplazar en la barra.

2. Pulsemos el icono **Subir** para desplazar el botón seleccionado, una posición hacia la izquierda o **Bajar** para hacerlo hacia la derecha.

3. Pulsemos el botón **Cerrar** de este cuadro de diálogo y los cambios quedarán aplicados a la barra.

Ocultar o mostrar cada barra

1. Pulsemos con el botón derecho sobre cualquiera de las barras. Aparecerá un menú emergente mostrándonos los nombres de cada barra.

♦ Las barras que actualmente se encuentran visibles tendrán en esta lista un tilde a su izquierda.

2. Pulsemos sobre alguna de las opciones que contenga tilde y éste será eliminado. La barra correspondiente ya no será mostrada en la ventana. En nuestro caso hemos quitado la barra de direcciones.

3. Volvamos a abrir este menú emergente y pulsemos nuevamente sobre la opción (ahora sin tilde). El tilde será repuesto y ahora la barra de direcciones reaparecerá.

Moviendo las barras

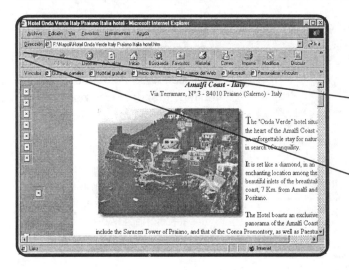

1. Ubiquemos el señalador en el borde izquierdo de la barra. La línea vertical representa un asa desde la que se puede tomar la barra.

2. Estando presente la flecha de doble punta pulsemos y arrastremos hacia arriba o hacia abajo para ubicar esta barra respectivamente encima de la anterior o debajo de la siguiente.

3. Ubiquemos el señalador en el límite inferior de la última barra. Se presentará un indicador como el de la figura.

4. Pulsemos y arrastremos hacia arriba. La zona de barras se reducirá dejando así más lugar para la página. Una o más barras se ubicarán a la derecha.

♦ En todas aquellas barras que no se muestren completamente, se agregará el botón de continuación.

5. Ubiquemos el señalador en el límite entre dos barras y cuando aparece el indicador de dos puntas arrastremos hacia la izquierda o hacia la derecha. Una de las barras se acortará y la otra se alargará. Así podremos regular el espacio de todas las barras que compartan una misma línea.

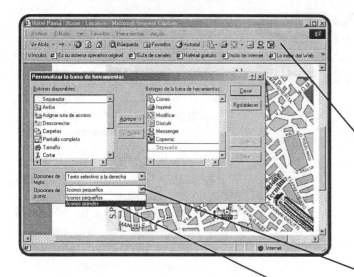

Cambiar tamaño de los botones

Si los iconos de las barras nos parecen muy grandes podemos achicarlos.

1. Pulsemos con el botón derecho en algún lugar libre de la barra estándar y, del mismo modo que lo hicimos anteriormente, seleccionemos del menú emergente la opción **Personalizar**..

2. Abramos la lista que contiene el control **Opciones de iconos**.

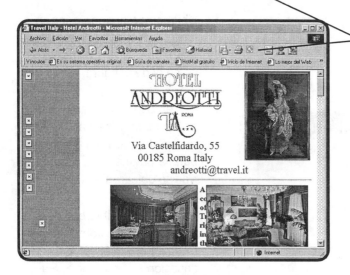

3. Seleccionemos la opción **Iconos Grandes**. Pulsemos luego sobre el botón **Cerrar** de este cuadro de diálogo, para obtener el aspecto de la barra de la figura siguiente.

Textos más grandes o más pequeños

Si encontramos que las letras de los textos son demasiado pequeñas, podemos agrandarlas.

1. Abramos el menú **VER**.

2. Seleccionemos **Tamaño de la fuente** y del submenú correspondiente, alguna de sus opciones (**Mayor** o **Grande** para agrandar o bien **Menor** o **Pequeña** para achicar la tipografía de los textos de la página.

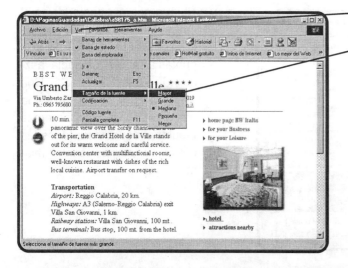

 Nota:

Los objetos de la página se reacomodarán de acuerdo con el nuevo tamaño del texto.

4 Manejo de páginas WEB

Guardemos las páginas

Como vimos anteriormente, el explorador guarda en el *Historial* las direcciones de todas las páginas accedidas, lo que nos permite volver a cada una de ellas. Pero como la información de las mismas puede cambiar, es probable que en alguna ocasión necesitemos guardar el contenido actual de la página para accederla más adelante.

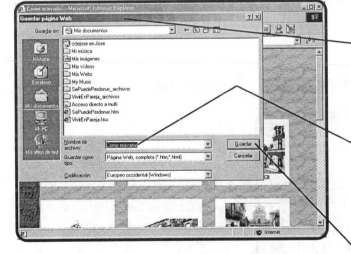

1. Una vez se haya completado la carga de la página desde la WEB, seleccionemos el menú **ARCHIVO** y luego la opción *Guardar como*.

 Nota:

Es necesario esperar a que desaparezca el reloj de arena. Esto indica que la página se cargó en su totalidad. De lo contrario, estaríamos guardando la página incompleta.

2. Aparecerá un cuadro de diálogo estándar para guardar archivo. Allí debemos elegir la unidad o carpeta en donde guardaremos la página.

3. Explorer asignará un nombre al archivo. Podemos modificarlo escribiendo cualquier nombre en reemplazo del preasignado.

4. Pulsemos **Guardar**.

 Nota:

En la carpeta elegida en el cuadro **Guardar página WEB**, aparecerá la página Web (el archivo HTML) y una carpeta con el mismo nombre, seguido de la palabra *archivos*. En la misma se guardan todas las imágenes que contiene la página correspondiente.

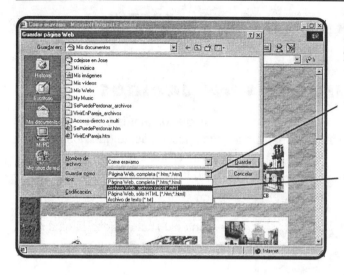

Otras formas de guardar la página

- Acabamos de guardar la página completa, pero si abrimos la lista de tipos veremos otras formas:

- **Archivo único**: Un formato reconocible por Internet Explorer y que puede enviarse como archivo asociado (attach) en un e-mail (veremos más adelante qué es esto).

El mismo presenta un aspecto similar al de la página Web (incluye todas las imágenes y textos), es decir que no necesita de la carpeta auxiliar como el caso que vimos en la página anterior. Además resulta de un tamaño mucho menor que la suma de HTML + imágenes (necesaria para guardar la páguina completa), lo que reduce notablemente el tiempo de transmisión del e-mail.

- **Página web, sólo HTML (.htm, .html)**: Guarda sólo el archivo HTML (comandos HTML y textos) y por no guardar imágenes ocupa menos lugar aún que el formato anterior.

- **Archivo de texto (.txt)**: Guarda sólo los elementos de texto de la página, por lo que es la forma más reducida de guardar la información de la misma.

Guardando elementos de la página

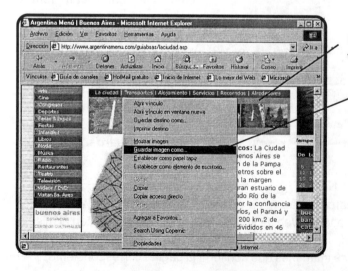

Podemos seleccionar y guardar objetos de la página:

1. Pulsemos sobre un objeto de imagen con el botón derecho y en el menú emergente seleccionemos **Guardar imagen como**.

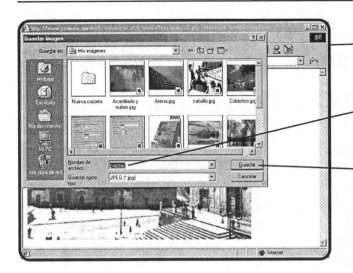

2. Seleccionemos la unidad y la carpeta donde se guardará la imagen.

3. Dejemos el nombre propuesto o escribamos alguno más adecuado.

4. Pulsemos *Guardar*.

Imprimiendo la página

Podemos imprimir en papel la página que estamos viendo.

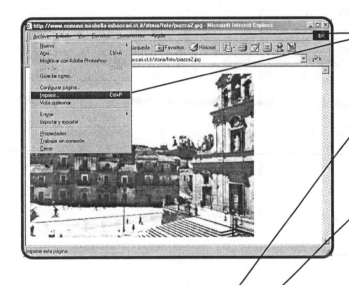

1. Estando a la vista la página elegida seleccionemos la opción *Imprimir* del menú *ARCHIVO*.

2. Seleccionemos las opciones necesarias; impresora, propiedades, cantidad de copias, forma de impresión, etc.

3. Si activamos la casilla *Imprimir documentos vinculados* se imprimirán además todas las páginas vinculadas a la primera.

4. Si activamos la casilla *Imprimir tabla de vínculos*, se imprimirá también la lista de todos los vínculos que contiene la presente página.

 Nota:

Las páginas suelen tener referencias a otras páginas. Explorer accederá a cada una de las páginas referidas (en distintos vínculos que contiene la primera) y las imprimirá.

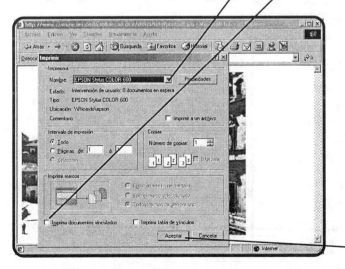

5. Pulsemos *Aceptar*.

Imprimiendo los fondos junto con las páginas

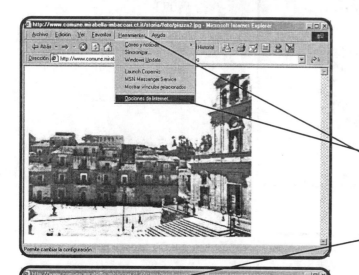

Tal como efectuamos la impresión, no aparecerá en el papel el fondo de color o de imagen que pudiera tener la página Web. Para que los fondos se impriman, hagamos lo siguiente:

1. Abramos el menú **HERRA-MIENTAS** y seleccionemos allí *Opciones de Internet*.

♦ Aparecerá el cuadro de diálogo que nos permite configurar todas las opciones de Internet Explorer.

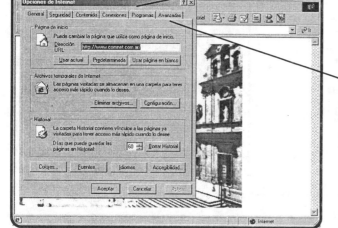

2. Pulsemos ahora la solapa *Avanzadas* para desplegar el cuadro de la siguiente figura.

3. Desplacemos hacia abajo hasta que aparezca el control de impresión.

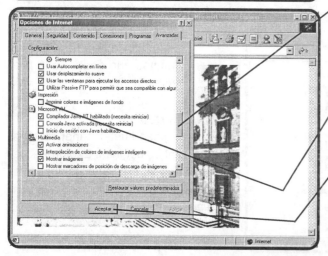

4. Activemos la casilla *Imprimir colores e imágenes de fondo*.

5. Pulsemos *Aceptar* y, en adelante podremos imprimir las páginas incluyendo sus colores o imágenes de fondo.

Configurando la página de impresión

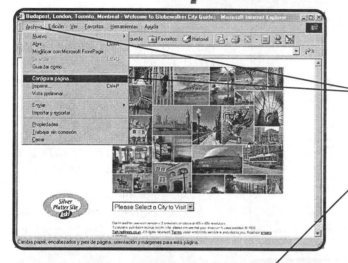

Si deseamos modificar parámetros tales como los márgenes o la orientación de la página, podemos hacerlo fácilmente.

1. Abramos el menú **ARCHIVO** y pulsemos sobre **Configurar página**, para presentar el cuadro de la siguiente figura.

2. Seleccionemos el tipo de papel desplegando esta lista. Los más usuales son **Letter** (carta), **A4** (papel de resma normal) y **Legal** (oficio).

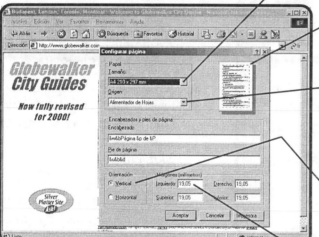

◆ Observemos la prevista que nos muestra las proporciones del papel elegido.

3. Seleccionemos la bandeja de alimentación (si es que nuestra impresora tiene más de un modo de alimentación, como ocurre con los modelos de impresoras laser).

4. Modifiquemos si es necesario la orientación (**Vertical** u **Horizontal**).

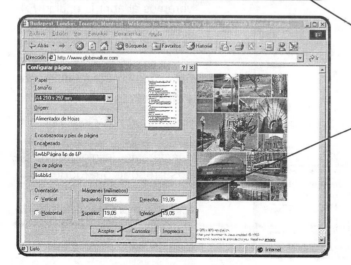

5. Cambiemos los márgenes. En el caso de que la página se imprima recortada podemos intentar achicar los márgenes.

6. Pulsemos **Aceptar** para dejar establecidos los parámetros para la impresión.

En adelante, los parámetros ingresados serán tomados en cuenta cada vez que efectuemos una impresión.

Compartir los sitios favoritos

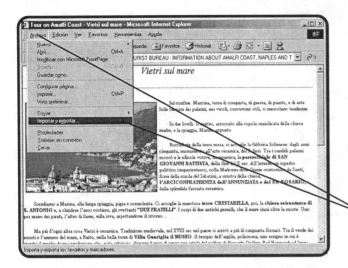

Si tenemos una lista de sitios favoritos (ver final del Capítulo 2) podemos compartirla con nuestros amigos. Esto implica generar un archivo HTML (una página Web) con un hipervínculo para cada una de estas direcciones, enviar esa página por e-mail y luego, quien la reciba, podrá fácilmente agregar dichos vínculos a la lista de la opción **FAVORITOS** de su navegador (o explorador).

1. Abramos el Internet Explorer y seleccionemos del menú **ARCHIVO** la opción **Importar y Exportar**.

2. Se presentará la primera ventana del asistente de importación y exportación donde pulsaremos el botón **Siguiente**.

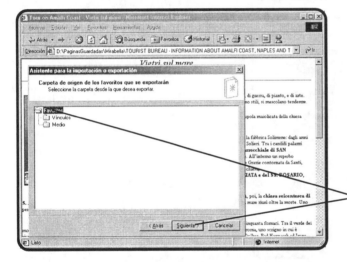

3. Así llegamos a la segunda ventana del asistente en donde elegiremos la opción **Exportar favoritos** y pulsaremos otra vez **Siguiente**.

4. Esta nueva página del asistente nos muestra un esquema del contenido de nuestra carpeta **Favoritos** que es lo mismo que veremos al abrir la opción **FAVORITOS** del explorador; pulsemos sobre **Favoritos** para seleccionar sólo los vínculos de esta carpeta. Luego pulsemos **Siguiente**.

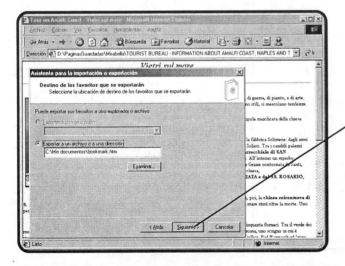

5. Aquí podremos elegir con qué nombre de página y dónde guardaremos la información. Se nos propone guardarlo como bookmark.htm en la carpeta Mis documentos; pulsemos **Siguiente** para aceptar el nombre y la ubicación propuestos.

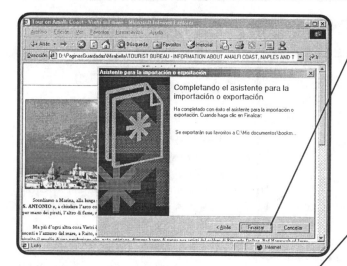

6. Se presenta la ventana final del asistente; pulsemos **Finalizar**.

 Nota:

Si ya hemos hecho esta tarea en otra oportunidad, aparecerá un cartel avisándonos que sobreescribiremos el archivo creado.

Por último aparece un aviso: *Favoritos se ha exportado con éxito*.

♦ Si abrimos la página creada, nos encontraremos con una lista de los mismos vínculos que muestra el menú *FAVORITOS*.

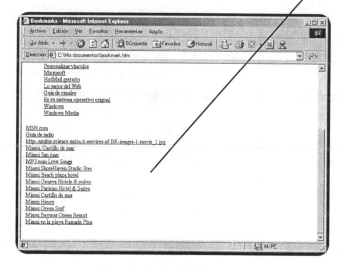

Ahora, podemos enviar a nuestros amigos un e-mail con el archivo **Bookmark.htm** para que puedan acceder a esos mismos sitios pulsando sobre los vínculos de la página o bien incorporándolos a su propio menú *FAVORITOS*. Veamos como se hace esto último.

Si recibimos esta página de algún amigo, podemos, si lo deseamos, incorporar sus vínculos al menú de Favoritos; veamos...

7. Repitamos los pasos 1 y 2 del presente ejercicio, y en la ventana del asistente seleccionemos la opción **Importar favoritos**. Luego pulsemos **Siguiente**.

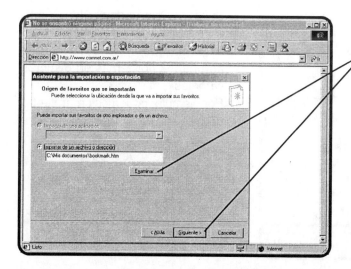

8. Se presentará una ventana en donde elegiremos el nombre del archivo. Allí pulsaremos **Examinar** para ubicar el archivo (Bookmark.htm o como se llame) y luego **Siguiente**.

9. Se presentará un cartel: *Favoritos se importó con éxito*. Ahora podemos abrir el menú *FAVORITOS* para acceder a los vínculos incorporados.

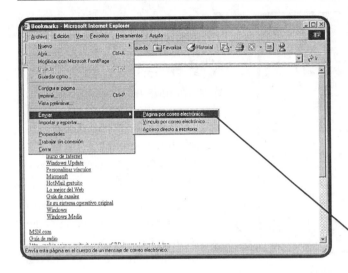

Enviar una página por e-mail

Si bien estudiaremos el tema de correo electrónico en los capítulos 6 y 7, veremos aquí una opción (aparece en el menú archivo de muchas aplicaciones, entre ellas el Explorer) que nos permitirá enviar el archivo activo por e-mail.

1. Estando a la vista la página web que creáramos en el ejercicio anterior seleccionemos la opción **ARCHIVO, Enviar, Página por correo electrónico**.

♦ Se presentará la ventana de *Nuevo mensaje* y la misma contendrá el archivo correspondiente (**bookmark.htm**), como archivo asociado.

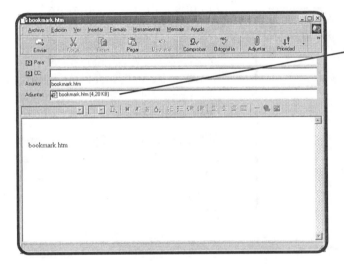

De aquí en más debemos seguir los pasos que aprenderemos en los Capítulos 6 y 7 para enviar un mensaje de correo electrónico (e-mail).

Favoritos organizados

Si se nos están acumulando muchos accesos en la lista de *FAVORITOS* nos resultará conveniente agruparlos por temas en distintas carpetas.

Por ejemplo, podemos crear dentro del menú favoritos las carpetas "Trabajo", "Estudio", "Diversión", etc. y luego mover nuestros accesos a esas carpetas.

1. Seleccionemos la opción *Organizar favoritos* del menú *Favoritos*.

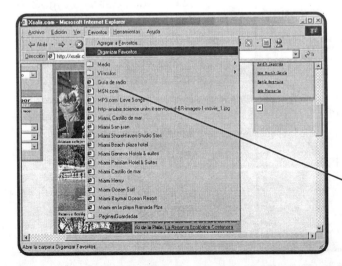

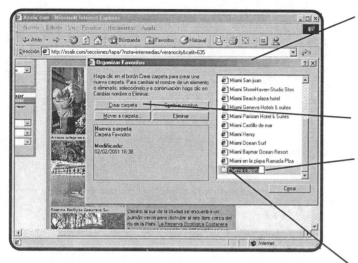

- Se presentará el cuadro **Organizar favoritos**, donde podremos crear grupos y modificar el orden y distribución de las opciones.

2. Pulsemos el botón **Crear carpeta**.

- Se agregará un nuevo item con el nombre **Nueva carpeta**. El mismo se encontrará seleccionado de manera que lo que escribamos reemplazará ese nombre.

3. Escribamos por ejemplo **Viajes** y pulsemos luego `Enter↵` para crear esa carpeta.

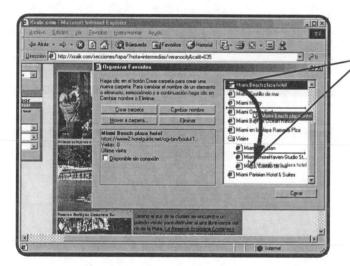

4. Pulsemos sobre uno de los vínculos que correspondan a Viajes y arrastrémoslo sobre la nueva carpeta Viajes. El acceso se reubicará ahora dentro dse esa carpeta.

5. Hagamos eso mismo con todos los accesos relativos a Viajes.

6. Repitiendo los pasos 2 y 3 creemos otra carpeta, por ejemplo Estudio, y luego del mismo modo movamos allí todos los accesos relativos a ese tema.

Terminada la reorganización el menú favorito quedará notablemente simplificado.

7. Ahora para acceder a los sitios, debemos primeramente elegir la carpeta correspondiente al tema; la misma se abrirá a la derecha.

8. Seguidamente elegiremos la opción dentro de ese tema.

5 **Busquemos en la Web**

Las capacidades de búsqueda incorporadas al Internet Explorer pueden ayudarnos a encontrar rápidamente lo que necesitamos, evitándonos así, tal vez, horas de navegación.

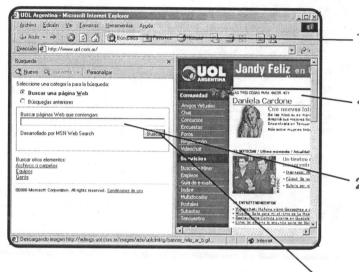

1. Pulsemos el botón **Búsqueda**, para abrir el panel correspondiente.

   • El panel derecho nos sigue mostrando la imagen de la página por la que estamos navegando actualmente .

2. Pulsemos en el campo **Buscar páginas web que contengan...** y escribamos una palabra sobre el tema que deseamos encontrar. En nuestro ejemplo hemos escrito **Diversión Buenos Aires**.

 Nota:

Mientras se efectúa la búsqueda podemos seguir navegando y acceder a otras páginas, tal como lo muestra la segunda figura.

3. Pulsemos el botón **Buscar**.

   • Luego de un tiempo (el mismo dependerá de las condiciones de la red y de lo que busquemos), aparecerá debajo un informe con los resultados de la búsqueda. Se muestran primeramente los sitios pertenecientes al directorio del buscador (registrados en la base de datos del buscador) y debajo, otras páginas de la Web en las que se mencionan las palabras requeridas. Pulsemos la barra para desplazar y ver así todas las direcciones halladas.

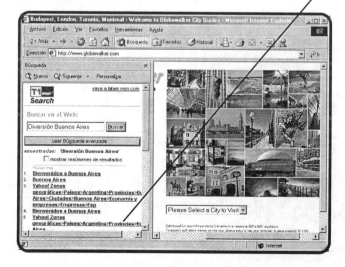

4. Pulsemos sobre alguno de estos hipervínculos y se presentará la página correspondiente (ver imagen en página siguiente).

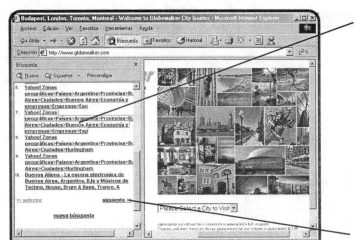

◆ Podría ocurrir que no se presente la página y en su lugar aparezca en el mismo sector izquierdo una lista de alternativas. En ese caso, desplacemos hacia abajo hasta encontrar el sitio que nos interese.

5. Si el panel no alcanza a mostrar todas las direcciones encontradas, se encontrará habilitado el hipervínculo *Siguiente*; pulsémoslo y aparecerán nuevas direcciones en la lista.

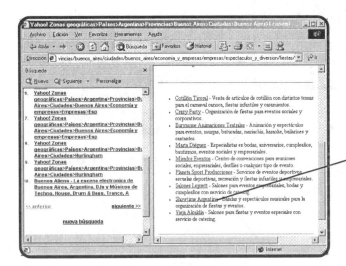

6. El sector derecho nos mostrará la página que eligiéramos anteriormente. Esta página puede presentar a su vez otra lista de sitios, ya referidos más específicamente al tema que nos interesa; pulsemos sobre alguno de estos hipervínculos para abrir la página.

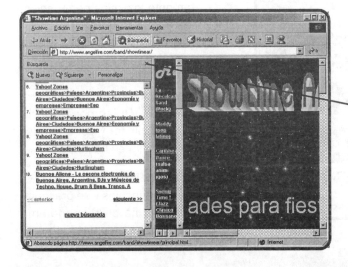

7. Para ver la página en toda la pantalla cerremos el panel de búsquedas.

8. Ahora pulsemos nuevamente el botón *Búsqueda* (ver figura anterior), para volver a abrir el panel y allí pulsemos el botón *Nuevo* para iniciar una nueva búsqueda.

Hemos trabajado hasta ahora con el buscador de MSN (Microsoft Network), ahora cambiaremos a **Excite**, el segundo de los buscadores incluídos en la versión 5.5 de Internet Explorer.

Eligiendo el buscador

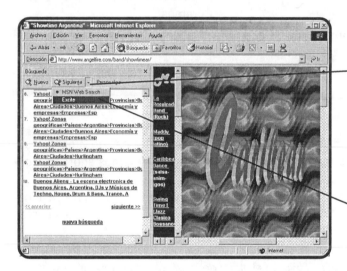

1. Si no hemos instalado ningún buscador (como por ejemplo **Copernic**, que veremos más adelante) tendremos sólo dos alternativas. Pulsemos el control del botón *Siguiente* para ver cuáles son:

2. Pulsemos sobre la que no se encuentra indicada (**Excite**) para cambiar el programa buscador activo.

♦ El panel izquierdo mostrará la página del nuevo buscador y si el campo de texto tenía algún contenido (el de la búsqueda que efectuáramos anteriormente) ese texto será buscado ahora en las bases de datos de **Excite**.

3. Para hacer una nueva búsqueda escribamos un nuevo texto y pulsemos *Buscar*, para traer ahora los resultados del buscador **Excite**.

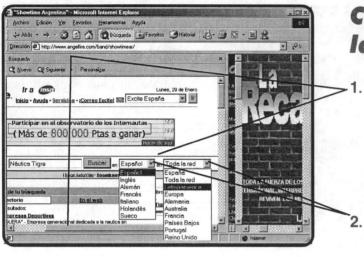

Condiciones de la búsqueda

1. Si, estando activo el buscador **Excite**, extendemos el panel izquierdo o desplazamos el mismo hacia la derecha aparecerán un par de opciones que nos permitirán hacer búsquedas más eficientes:

2. Pulsemos los controles correspondientes para abrir las listas y seleccionar así el idioma y el país o región en el que buscaremos.

◆ Por ejemplo, si seleccionamos **Latinoamérica** y **Español** se presentarán como resultado sólo páginas en Español de países latinoamericanos.

Búsquedas avanzadas

Si para nuestras necesidades de búsqueda no resultaran suficientes las opciones que vimos hasta ahora, tendremos que utilizar los parámetros de *Búsquedas avanzadas*. Veremos ahora los correspondientes al buscador de Microsoft Network.

Cuando la búsqueda sencilla nos proporciona demasiados ítems nos resultará conveniente restringir las condiciones de modo que los sitios a obtener se ajusten más exactamente a lo que realmente necesitamos encontrar.

1. Seleccionemos el buscador de MSN (ver *Eligiendo el buscador*) y efectuemos una primera búsqueda sencilla:

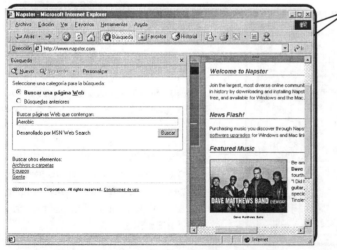

2. Escribamos **aerobic** y pulsemos *Buscar*.

◆ Por ser muy genérica la búsqueda, los resultados obtenidos podrían no responder a nuestras expectativas.

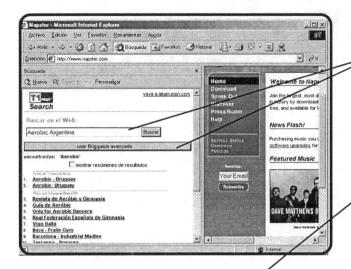

3. Agreguemos más palabras, por ejemplo: **Argentina** y pulsemos el botón *usar Búsqueda avanzada*.

♦ Se extenderá el panel de búsquedas mostrándonos algunas opciones que modificarán el modo de buscar.

♦ La característica más importante de la búsqueda se determina con el primer control de lista.

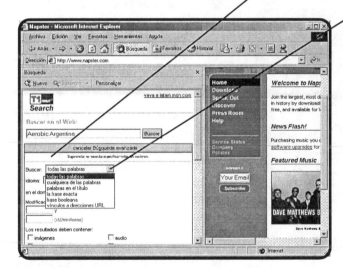

3. Leamos las opciones, dejemos la opción *Todas las palabras* y pulsemos ahora el botón *Buscar*.

Observemos que se encontraba preestablecida la opción *todas las palabras*, lo que significa que se exigirá que las páginas contengan las dos palabras solicitadas. Si en cambio activáramos *la frase exacta* ambas palabras deberán además encontrarse juntas. Si eligiéramos *cualquiera de las palabras* se presentarán las páginas que tengan la palabra *aerobic* (de cualquier país) y las que contengan **Argentina** (de cualquier tema).

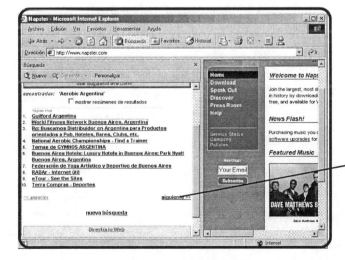

4. Ahora podemos pulsar *Siguiente* para ver más sitios de la lista o bien pulsar sobre alguno de los hipervínculos para ver la página correspondiente.

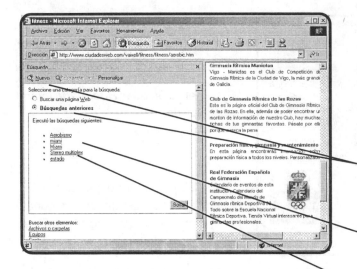

Búsquedas anteriores

Si queremos revisar las búsquedas que hemos efectuado anteriormente o repetir alguna de ellas:

1. Pulsemos el botón **Nuevo** y luego activemos la casilla **Búsquedas anteriores**.

♦ Se presentará una lista con las diez últimas búsquedas.

2. Pulsemos sobre alguno de estos vínculos y la búsqueda correspondiente se efectuará nuevamente.

Buscar personas

1. Si abrimos el menú **INICIO, BUSCAR**, encontraremos allí dos opciones que nos permitirán buscar en la WEB.

La primera de ellas es otra manera de acceder a los buscadores que ya vimos.

2. Pulsemos sobre la segunda para acceder a los buscadores de personas.

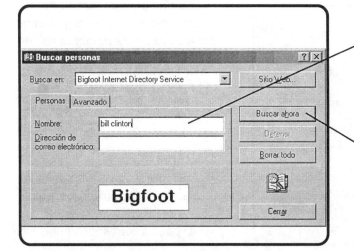

3. Ahora escribamos el nombre de alguna persona. Primeramente, para comprobar si el sistema de búsqueda funciona, probemos con algún famoso:

4. Pulsemos **Buscar ahora**, aguardemos unos instantes y ...

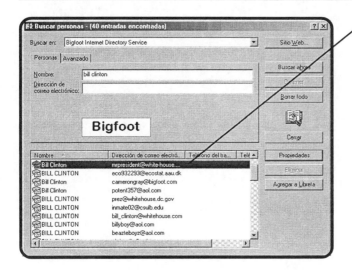

Encontraremos, por ejemplo, la dirección de e-mail del ex-presidente norteamericano en la Casa Blanca.

6 Conozcamos Outlook Express

Esta aplicación que se incluye e instala junto con el paquete Windows Millennium es una versión reducida del programa Outlook 2000, presente en el conjunto Office 2000 professional. La misma comprende las funciones básicas de enviar y recibir correo, libreta de direcciones para guardar todos nuestros contactos incluída la dirección de e-mail de cada uno de ellos, integración a grupos de discusión, etc.

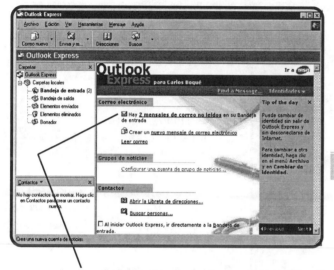

Iniciemos el programa

1. Pulsemos el segundo icono de la barra de tareas para abrir **Outlook Express,** el programa que, en adelante, manejará todos los aspectos de nuestra correspondencia electrónica. Se presentará la ventana de este programa.

♦ Lo primero que se lee es el texto **Hay <u>2 mensajes de correo no leídos</u>** ... lo que nos está indicando que tenemos en la *Bandeja de entrada* (así se llama la carpeta en donde se almacenarán los e-mails que recibamos) dos mensajes para leer. La imagen que vemos en el sector derecho es una carátula que pretende ayudarnos mostrándonos lo que podemos hacer con el programa.

♦ Tal como lo indican las flechas podemos mover cualquiera de las líneas divisorias para dar a cada panel el tamaño adecuado a nuestras necesidades.

Ya abierto el programa comenzaremos por probar si estamos en condiciones de enviar y recibir e-mail.

A pesar de que lo que contiene la bandeja de entrada tiene la apariencia de ser un e-mail recibido, no es tal, o mejor dicho, no ha sido recibido desde nuestro servidor sino que fue colocado en la bandeja de entrada por el instalador.

Enviar y recibir mensajes de correo

En el proceso de configuración de Internet hemos abierto una cuenta de correo electrónico, lo que significa que disponemos de un código o dirección de correo registrado a nuestro nombre para recibir correspondencia electrónica. Nuestro servidor (ISP) (o el servidor de correo que hayamos contratado o conseguido gratis) guardará, entonces, todos los documentos que reciba con ese código, los que luego transferiremos a nuestra PC para leerlos o imprimirlos mediante un procedimiento que veremos más adelante.

Como también disponemos de un servidor de correo saliente, podremos enviar correo electrónico a cualquier dirección que, como la nuestra, se encuentre habilitada en algún servidor ISP alrededor del mundo.

Lo primero que haremos, será crear un mensaje de prueba y enviarlo a nuestra propia dirección de correo:

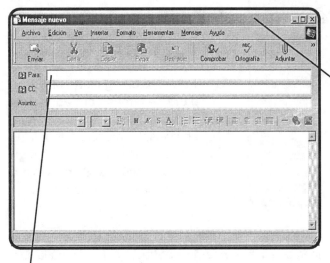

♦ El cursor se encontrará ubicado en el primer campo (***Para***), en donde debemos ingresar la dirección de correo electrónico del destinatario de la correspondencia.

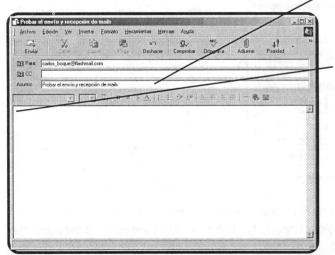

Preparemos una carta

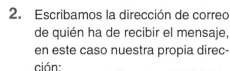

1. Estando en pantalla la ventana de Outlook Express de las figuras anteriores pulsemos el primer botón de la barra (***Correo nuevo***) para acceder a la ventana de redacción de mensajes.

2. Escribamos la dirección de correo de quién ha de recibir el mensaje, en este caso nuestra propia dirección:
carlos_boque@flashmail.com

3. Pulsemos sobre el campo ***Asunto*** y redactemos algún texto breve que nos permita recordar el contenido de esta carta.

4. Pulsemos sobre el segundo bloque (la mitad inferior de la ventana) correspondiente al texto del mensaje y allí escribamos algún contenido como por ejemplo:
Este es un mensaje de prueba enviado a la hora hh:mm

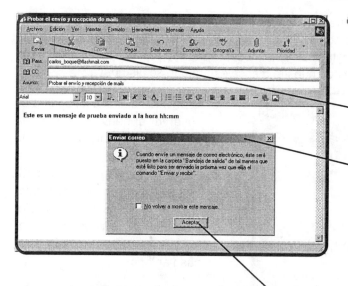

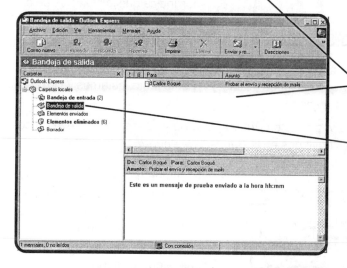

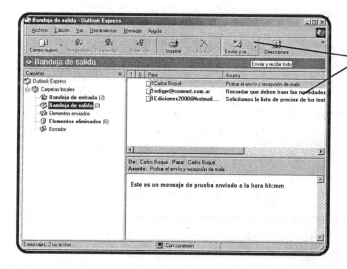

Nota:

Incluyamos la hora para verificar luego el tiempo que demandará recibir este mensaje.

5. Pulsemos el botón **Enviar** para colocar el mensaje en la bandeja de salida.

◆ Se presentará un cartel de aviso en donde se nos explica que al pulsar el botón del paso 5, no hemos enviado el mensaje al destinatario sino que sólo lo hemos colocado en la bandeja de salida. Así como ocurre en un escritorio tradicional, prepararemos una a una las cartas y las colocaremos en la bandeja de salida de correspondencia.

6. Pulsemos **Aceptar** para volver a la ventana que se muestra en figuras anteriores.

7. Pulsemos **Bandeja de salida** para presentar toda la correspondencia que tenemos ya lista para enviar.

En nuestro caso, tenemos sólo una pieza de correspondencia pero, en nuestro trabajo normal, repetiremos una y otra vez los pasos del **1** al **6** para preparar todos las piezas de correo que debamos enviar.

8. Una vez preparada toda la correspondencia (obsérvese la *Bandeja de salida*) pulsaremos el botón **Enviar y recibir**.

Este último paso requerirá a nuestro servidor todo el contenido de nuestra casilla de correo y lo copiará a la carpeta **Bandeja de entrada**. Luego, tomará todo el contenido de nuestra **Bandeja de salida** y se lo entregará al servidor de *correo saliente* para que éste lo distribuya a la red.

Hecho esto, nuestra *Bandeja de entrada* no mostrará ningún mensaje nuevo porque, como dijimos, primero se reciben los mensajes y luego se envían los nuestros. De este modo, cuando se produce la recepción, aún no hemos enviado nuestro mensaje para que se distribuya.

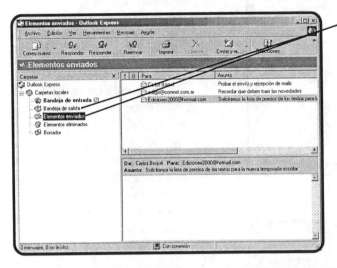

◆ Terminado el proceso, podremos observar el nuevo estado de la pantalla de Outlook Express: la *Bandeja de salida* se encontrará ahora vacía. Si pulsamos sobre *Elementos enviados* se presentarán a la derecha uno o más objetos, según la cantidad de mensajes que hayamos enviado en el paso anterior.

Esto nos indica que la/s pieza/s de correspondencia que habíamos creado ya fueron enviadas.

Al tiempo de leer estas líneas, el servidor ha hecho su trabajo distribuyendo nuestro e-mail a quien corresponda (en este caso a nosotros mismos) y, por lo tanto, estamos ya en condiciones de recibirlo. Veamos cómo hacerlo:

9. Simplemente pulsemos otra vez el botón **Enviar y recibir** y, luego de un breve proceso, tendremos los mensajes enviados en la *Bandeja de entrada*.

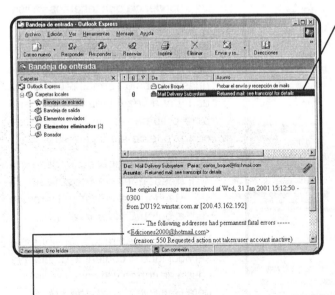

◆ El primer mensaje corresponde al que enviáramos anteriormente a nuestra propia dirección de correo, pero si pulsamos sobre el segundo podremos leer un mensaje algo extenso.

Se trata de un mensaje rechazado. Ocurre que intencionalmente hemos colocado una dirección de mail inexistente y eso es lo que ocurre en esos casos. Nuestro servidor de correo (indicado en la línea resaltada en azul como **Mail delivery subsystem**) nos envía un mensaje; pulsemos esa línea y debajo podremos leer el texto correspondiente.

◆ El mismo incluye la dirección que no pudo ser ubicada y una explicación de lo ocurrido.

Por lo general este tipo de mensajes es una indicación de que la dirección referida no existe, pero si, a pesar de ello, consideramos que se trata de la dirección correcta, no estaría de más intentar enviarlo nuevamente, ya que pudo ocurrir alguna circunstancia imponderable.

Con esta simple operación de 9 pasos, hemos verificado que cualquier mensaje que alguien haya enviado a nuestra dirección de correo, será copiado a nuestra bandeja de entrada en el acto de *Recibir* y que cualquier mensaje que se encuentre en la *Bandeja de salida,* será remitido al destinatario en el momento de *Enviar*.

Enviemos un archivo por e-mail

Una utilidad muy importante que nos proporciona el correo electrónico consiste en la posibilidad de intercambiar todo tipo de archivos. Podremos agregar a nuestro e-mail cualquier archivo de nuestra PC (este agregado se denomina *attachment* en inglés y *atachear* es el verbo utilizado en la jerga vernácula de Internet para indicar la acción de remitirlo). El archivo se agrega en forma totalmente independiente al texto del mail y el procedimiento para hacerlo es muy sencillo.

1. Repitamos el ejercicio anterior hasta el paso 4 escribiendo las direcciones correspondientes al destinatario al que deseamos enviar un archivo y el texto que consideremos conveniente.

2. Estando en la pantalla la ventana de redacción de mensaje abramos Mi PC de modo que la anterior permanezca a la vista aunque sea parcialmente.

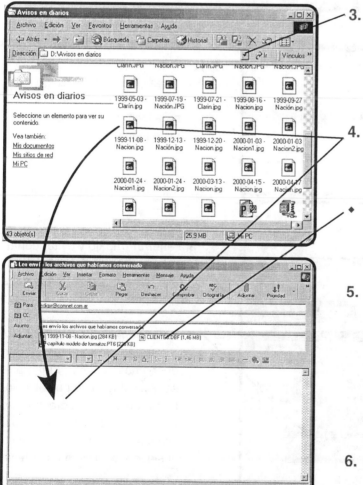

3. Ubiquemos allí el archivo que deseamos enviar. Este puede ser de cualquier tipo, ya se trate de documentos, imágenes, hojas de cálculo, dibujos, bases de datos, etcétera.

4. Pulsemos sobre el archivo elegido y llevemos hacia la zona de redacción de mensaje de la ventana **Mensaje nuevo**.

♦ Observemos que inmediatamente se agregó un nuevo campo en donde se indica el archivo que tiene asociado este mail.

5. Si necesitáramos enviar otro/s archivos junto con este mismo e-mail lo ubicaremos en Mi PC y lo llevaremos de igual modo a la ventana de redacción. El /los archivo/s se agregara/n a la línea correspondiente. La figura muestra un mensaje con tres archivos agregados.

6. Por último enviaremos este e-mail del mismo modo que lo hicimos con los anteriores.

Nota:

Conviene tener en cuenta que las casillas de correo tienen un límite en cuanto a la cantidad de información que pueden guardar, el que por lo general ronda los 5 Mb. Debemos por
lo tanto cuidar que el archivo enviado no supere ese límite o de lo contrario, fraccionarlo en
dos o más partes mediante alguna utilidad como WinZip y enviarlo en distintos e-mail, con
la precaución de que sean recibidos por el destinatario uno a uno a medida que los enviamos, de modo que no se acumulen dos o más de ellos.

Otro factor a considerar es el tiempo que demorará nuestro envío, tiempo que debemos
permanecer conectados a la línea telefónica. Otro tanto le ocurrirá a quién reciba ese
mensaje.

Por todo lo dicho podemos concluir que es conveniente antes de enviar un e-mail con archivos adjuntos (si superan los 200 o 300 Kb) ponernos de acuerdo con quien los va a recibir respecto del tamaño de los mismos y el tiempo que demorará su recepción.

Control de los mensajes enviados

Todos los mensajes que enviamos
son a la vez movidos a la carpeta
Elementos enviados.

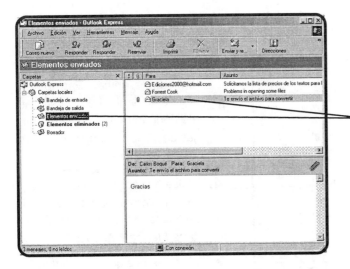

1. Seleccionemos esa carpeta en
   el panel izquierdo y luego reco-
   rramos la lista de la derecha
   para leer uno a uno los mensajes que hemos enviado.

Eliminar mensajes ya leídos

Para ahorrar trabajo y evitar confusiones es recomendable eliminar
aquellos mensajes que ya hayamos
leído o impreso.

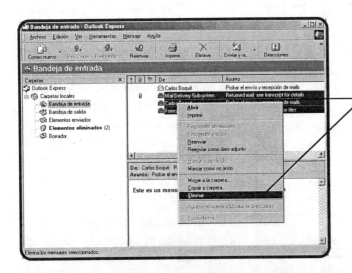

1. Seleccionemos en la *Bandeja
   de entrada* los mensajes que
   deseamos eliminar; luego pulsemos sobre el grupo seleccionado con el botón derecho y en
   el menú contextual optemos por
   Eliminar, o bien, una vez hecha
   la selección, pulsemos la tecla
   Supr.

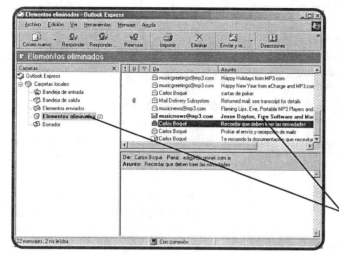

En realidad los mensajes no son eliminados sino simplemente movidos a la bandeja **Elementos eliminados**. Esto nos permite mantener la debida limpieza en las carpetas de trabajo pero sin perder nada de lo que pasó por nuestra casilla de correo. De este modo siempre podremos recurrir a la carpeta **Elementos eliminados** para revisar cualquiera de estos mensajes.

2. Seleccionemos **Elementos eliminados** y observemos la historia de nuestros e-mails.

3. De la misma forma podemos borrar mensajes de la carpeta **Elementos enviados**. Los mismos serán también movidos a la carpeta **Elementos eliminados** .

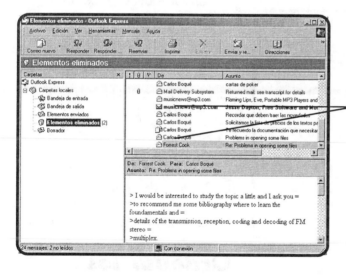

◆ Tanto los mensajes enviados como los recibidos se ubicarán, cuando los eliminemos, en la carpeta **Elementos eliminados**, pero distinguiremos fácilmente unos de otros por su dirección. Lógicamente los mensajes *enviados* tendrán en la columna **De** nuestra dirección de correo y aquellos que provienen de la *Bandeja de entrada* (recibidos) tendrán la dirección de quien los envió.

La carpeta Borrador

Disponemos de una carpeta auxiliar para colocar allí todos los mensajes que tengamos en proyecto o que hayamos dejado pendientes por alguna causa o bien para mover grupos de mensajes que deseamos apartar provisoriamente de sus carpetas originales.

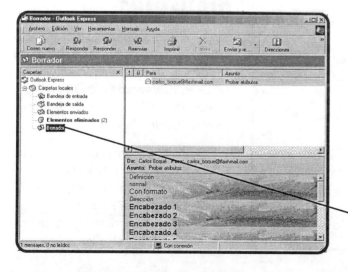

◆ La seleccionaremos del mismo modo que lo hicimos con las carpetas anteriores.

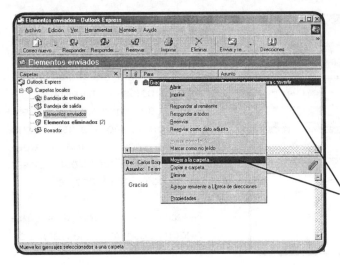

Moviendo mensajes entre carpetas

Para facilitar la organización de nuestra casilla de correos disponemos de comandos que nos permitirán mover mensajes entre las distintas carpetas.

1. Seleccionemos un objeto en cualquiera de las carpetas y pulsemos sobre el mismo con el botón derecho. Se presentará un menú contextual donde seleccionaremos la opción **Mover a la carpeta**.

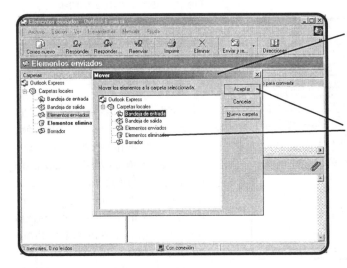

♦ Se abrirá un cuadro que nos muestra todas las carpetas disponibles.

2. Seleccionemos la carpeta de destino y pulsemos **Aceptar**.

 Nota:

No se nos permitirá mover mensajes a la **Carpeta de salida**. Para colocar mensajes en esta carpeta debemos prepararlos y pulsar el botón **Enviar**.

Ordenar los mensajes

Si las listas muestran muchos mensajes (por ejemplo despues de un tiempo tendremos muchos mensajes acumulados en **Elementos eliminados**) podemos ordenarlos por los datos de sus distintas columnas.

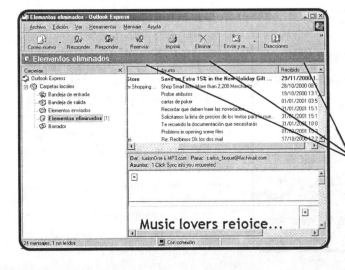

1. Pulsemos sobre el encabezado de la columna **De** para ordenar por el nombre del emisor, pulsemos en **Asunto** o en **Recibido** para ordenar por esos criterios. Pulsemos nuevamente y el orden se invertirá.

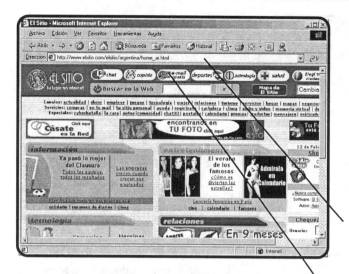

Obteniendo un e-mail gratuito

Existen diversos sitios en donde podremos obtener nuestra casilla de e-mail gratuita. Elegiremos como ejemplo alguno de ellos.

E-mail gratis en elsitio.com.

1. En la barra de direcciones del Explorador escribamos *http://www.elsitio.com* para acceder a la página que se muestra aquí.

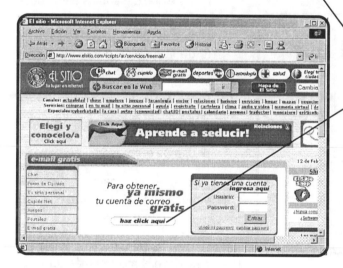

2. Pulsemos el botón *e-mail gratis* para presentar la página correspondiente.

3. Pulsemos aquí para entrar a la página de e-mail gratuito de **El sitio**.

Antes de entrar se presenta una página de condiciones generales relativas a la nueva casilla de e-mail que adquiriremos. En la misma se advierte sobre el contenido nocivo que podrían llegar a tener e-mails que recibimos y se expresan a su vez ciertas pautas que debemos respetar para evitar enviar a otros mensajes de tono agresivo, grosero, ilegal, difamatorio, etc.

Las mismas provienen de disposiciones legales y del sentido común desde una perspectiva de ética elemental para permitir la convivencia de los miles o millones de usuarios a los que podremos estar conectados mediante nuestra nueva casilla de e-mail.

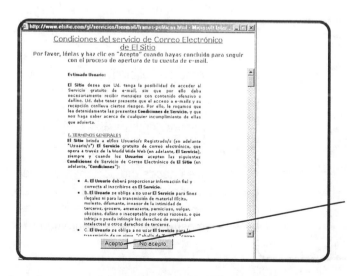

4. Leídas y aceptadas las condiciones pulsemos *Acepto* para proseguir.

5. Si no somos usuarios registrados de **El sitio**, pulsemos el hipervínculo *No soy usuario registrado*. De lo contrario completemos los campos *Usuario* y *Password*, y pulsemos *Soy usuario registrado ...*

◆ Si en el paso 5 elegimos la primera alternativa, se presentará la página de la figura.

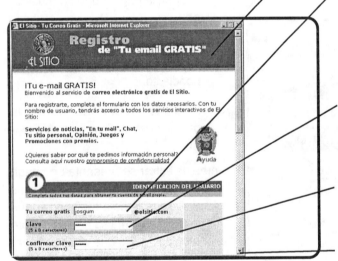

6. Llenemos el primer campo con el nombre que deseamos para nuestra dirección de e-mail. Lo que escribamos será sólo la primera parte de la misma, debiendo luego agregarse siempre *@elsitio.com*.

7. Pulsemos sobre el campo *Password* e ingresemos allí una combinación de caracteres que luego podamos recordar.

8. Pulsemos en el campo que sigue y repitamos allí la contraseña que ingresáramos recién.

9. Accionemos sobre la barra para descender y mostrar más campos.

10. Repitamos nuestro e-mail, seguido ahora de *@elsitio.com*

11. Ingresemos nuestros datos tal como se solicitan en los campos que siguen. No debemos temer ingresarlos ya que **Elsitio** no los utilizará con otros fines que los de nuestro registro como usuarios.

12. Si es necesario accionemos nuevamente sobre la barra para llegar hasta el límite inferior de la página (mostrado en la siguiente figura).

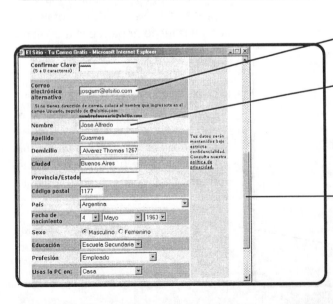

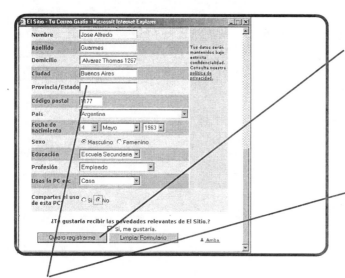

13. Por último pulsemos el botón *Quiero registrarme*.

Si el servidor detectó algún error u omisión en la información, presentará un aviso con el texto:

Olvidaste completar algún campo. ¡Intenta nuevamente!

♦   En nuestro caso, olvidamos de rellenar el campo *Provincia/ Estado*, el cual es necesario aunque se trate de la ciudad de Buenos Aires.

14. Si así nos ocurriera, pulsemos el hipervínculo *volver al formulario* para llegarnos nuevamente a la forma y completar o corregir lo que fuera motivo del rechazo.

15. En nuestro caso completaremos el campo colocando allí **Capital**.

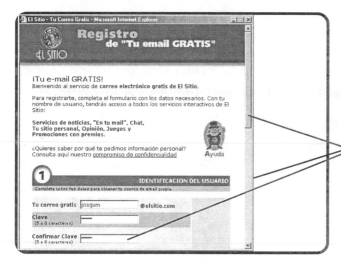

16. Deslicemos hacia arriba y volvamos a rellenar los campos *Clave* y *Confirmar clave* que luego de detectado el error fueron borrados; si lo deseamos, estamos a tiempo de cambiarlos.

17. Nuevamente pulsemos *Quiero registrarme*, para obtener la página de confirmación con los datos de nuestra nueva casilla de e-mail.

18. Pulsemos *Salir* y estaremos ya en condiciones de utilizar la casilla de e-mail para recibir mensajes.

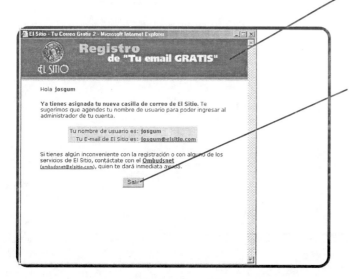

7 Trabajemos con Outlook Express

Algunas herramientas importantes

Vimos hasta aquí el manejo básico de *Outlook* en lo que respecta al envío y recepción de correspondencia electrónica y aunque el estudio completo del programa escapa a los alcances de este libro, mostraremos aquí algunos elementos de uso común que facilitarán notablemente nuestra tarea con la correspondencia.

 Nota:

En primer lugar aprenderemos a aplicar atributos de formato a nuestros mensajes, aunque debemos aclarar que es probable que el destinatario tenga inconvenientes para recibir mensajes con formato, por lo que debemos emplearlos únicamente en el caso de que quien reciba los mensajes tenga instalado Outlook Express en la misma versión que el nuestro.

El formato predeterminado de los textos es HTML

El formato predeterminado de redacción de *Outlook Express* es HTML (el mismo que se utiliza para crear páginas Web).

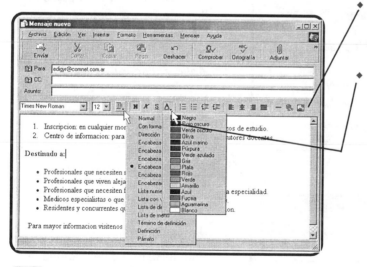

◆ El hecho de que aparezca la barra de formato es un indicador de que estamos trabajando en formato HTML.

◆ Esto significa que, además de escribir el texto, podemos aplicar ciertos atributos, como distintos tamaños de letras, itálicas, subrayados, etcétera, utilizando para ello los distintos botones de la barra de redacción (los mismos se habilitarán cuando pulsemos dentro del espacio en blanco destinado a la redacción del documento).

En el mensaje del ejemplo se ha empleado un formato de viñetas, el que se aplica pulsando en cualquier parte del párrafo y luego pulsando el botón **Viñetas**.

Una vez aplicado este formato a un párrafo, se aplicará automáticamente a todos los consecutivos (cada vez que pulsemos la tecla `Enter←`, se creará un nuevo párrafo con esta viñeta). Para escribir las líneas que siguen sin este formato, pulsaremos `Enter←` para crear una nueva línea con viñeta y luego, sin escribir en esa línea, pulsaremos nuevamente `Enter←` con lo que se eliminará el formato en esa línea y las sucesivas.

El uso de los atributos mencionados mejora notablemente la claridad, legibilidad y el aspecto del documento. La figura muestra la lista de estilos de párrafo y de color del texto.

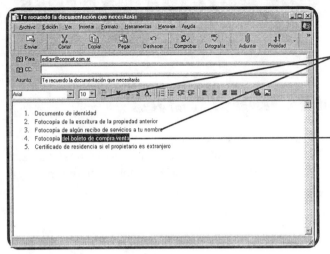

Aplicando estilos

◆ Para aplicar un estilo, pulsaremos sobre cualquier parte del párrafo y luego elegiremos la opción en la lista de la izquierda.

◆ Para aplicar color o atributos de caracter como **negrita** *cursiva*, seleccionaremos la porción del texto y luego le aplicaremos color, abriendo la lista de la derecha y eligiendo luego de la muestra correspondiente.

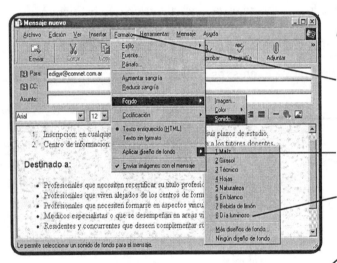

Diseños de fondo para nuestros mensajes

◆ Si abrimos el menú *FORMATO*, encontraremos varias posibilidades más para realzar nuestros mensajes.

◆ La más interesante es la opción *Aplicar diseños de fondo*.

1. Simplemente elegiremos un diseño de la lista (por ejemplo *Día luminoso*).

◆ El diseño no sólo aplicará una textura de color al fondo del documento sino que también cambiará el color de las letras para resaltarlas.

Nota: Debemos considerar que aplicar un diseño o una imagen de fondo -como veremos enseguida- aumentará notablemente el tamaño de archivo de nuestro mensaje y, en consecuencia, multiplicará el tiempo requerido tanto para su transmisión como para su recepción; esto último podría ocasionar molestias al destinatario.

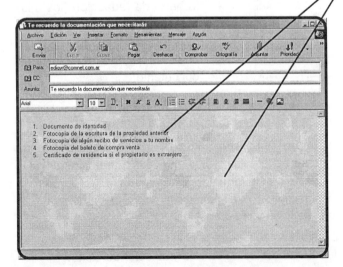

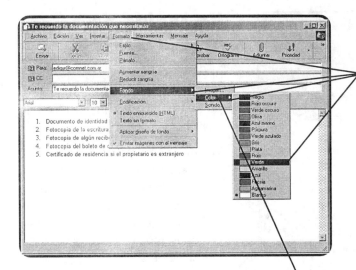

Apliquemos un fondo de color

1. Para aplicar un color de fondo, abriremos el menú formato y seleccionaremos *Fondo*, luego *Color* y por último pulsaremos sobre el color en la muestra.

 Nota:

Si ya hemos aplicado un diseño, no podremos luego aplicar un color de fondo, a menos que, previamente, desactivemos el primero con la opción *Ningún diseño de fondo*.

Una imagen de fondo para nuestro mensaje

Podemos aplicar también una imagen como fondo del mensaje.

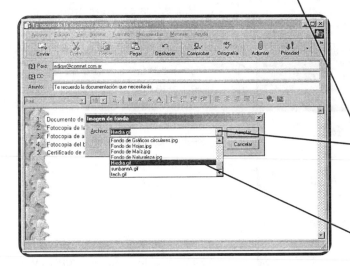

1. En el menú de la figura anterior seleccionamos *Imagen*; se presentará un pequeño cuadro de diálogo en donde podremos abrir una lista de imágenes prediseñadas.

2. Seleccionemos en esa lista, por ejemplo, *Hiedra.gif* para obtener una guarda como lo muestra la misma figura.

3. En ese mismo cuadro pulsemos *Examinar* para pasar a un cuadro estándar de selección de archivos.

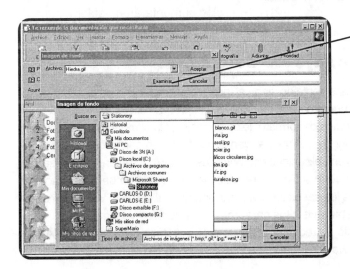

4. Ubiquemos una imagen y pulsemos luego *Abrir*.

Lograremos un aspecto importante si elegimos una imagen oscura, y luego seleccionamos todo el texto y cambiamos su color por blanco (con la lista de colores mostrada en la primera figura del capítulo).

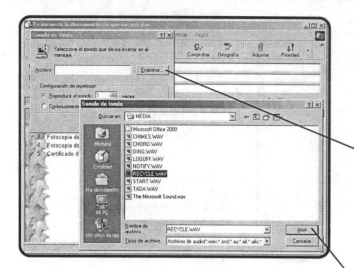

Un sonido de presentación

Si en el menú de la página anterior elegimos la opción **Sonido** se presentará un cuadro de selección de archivos de sonido.

1. Allí, podremos pulsar el botón **Examinar** para acceder a la carpeta **C:\Windows\Media** en donde encontraremos los sonidos propios de Windows, o bien podremos ubicar cualquier archivo de sonido.

2. Pulsemos sobre el archivo elegido y luego el botón **Abrir**.

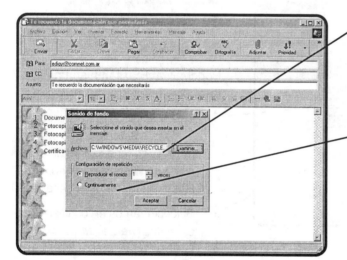

♦ El nombre del archivo aparecerá en el cuadro **Sonido de fondo** y en estas condiciones, el sonido comenzará a escucharse en el momento en que el texto del mail es presentado en la pantalla.

♦ Si activamos la casilla **Continuamente**, el sonido se repetirá mientras el e-mail se encuentre visible en la pantalla.

Debemos aclarar que de agregarse un sonido, el tamaño de archivo y el tiempo demandado para su recepción aumentarán notablemente.

Cómo preparar un mensaje de sólo texto

Si bien el formato HTML cuenta con muchas ventajas, tiene el inconveniente de que no siempre es reconocido. Si el receptor o destinatario de nuestro mensaje no utiliza el programa *Outlook Express* o alguno compatible con el mismo, estos atributos de formato, lejos de mejorar la claridad del mensaje, se transforman en una serie de símbolos y signos que se mezclan con el texto, obteniéndose como resultado un texto ilegible. Es por todo esto que en aplicaciones comerciales de comunicación masiva, se prefiere el tradicional formato de *sólo texto*, porque si bien no permite ningún tipo de embellecimiento, nos proporciona la seguridad de que, en todos los casos llegará al destinatario tal como lo visualizamos en nuestra pantalla. Es además recomendable evitar los caracteres acentuados y la letra ñ.

Para seleccionar este formato, al momento de redactar el documento abramos el menú **FORMATO** y pulsemos la opción **Texto sin formato**, para activarla.

No ocupemos el teléfono innecesariamente

Según se encuentren configurados los parámetros de conexión del programa podría ocurrir que se establezca la comunicación telefónica en el momento en que pulsamos por primera vez el botón *Enviar*, de la ventana de redacción de mensajes. Pensemos que, si nos demoramos un promedio de 5 o 10 minutos en elaborar cada mensaje, estaremos utilizando innecesariamente la línea telefónica, tal vez horas enteras hasta tanto despachemos la correspondencia del día.

Una forma más organizada de trabajar con *Outlook,* es elaborar previamente los mensajes, colocarlos en la bandeja de salida y luego enviarlos todos a la vez.

Así, teniendo en cuenta que el envío de un mensaje consume muy poco tiempo, es probable que despachemos toda la correspondencia del día utilizando la línea telefónica sólo un par de minutos. Si bien el programa viene configurado para trabajar de ese modo, no estará de más que sepamos cómo se activa esta manera de envío diferido.

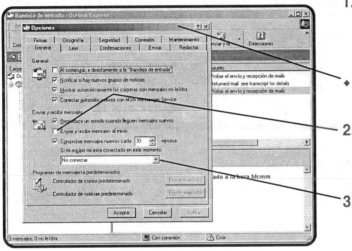

1. Estando abierto Outlook *Express* (Capítulo 6, figura 2) abramos el *menú* **HERRAMIENTAS** y seleccionemos **Opciones**.

♦ Se presentará el cuadro de configuración del programa.

2. Pulsemos (para desactivarla) la casilla **Enviar y recibir mensajes al inicio**.

3. En la lista de abajo seleccionemos **No conectar**, tal como lo muestra la figura.

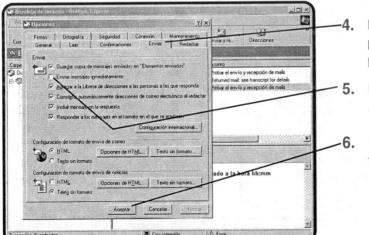

4. Pulsemos la solapa **Enviar** para pasar a primer plano el cuadro de parámetros correspondiente.

5. Desactivemos la casilla **Enviar mensajes inmediatamente**.

6. Pulsemos **Aceptar** para dejar establecidos estos parámetros.

Qué es la libreta de direcciones

Podemos registrar los datos de todos aquellos a quienes enviamos o enviaremos en el futuro alguna correspondenciaen la *Libreta de direcciones de Outlook*. De este modo, no tendremos que volver a escribir sus direcciones para cada carta que enviemos, sino simplemente las tomaremos de la *Libreta*.

Cómo agregar contactos a la libreta

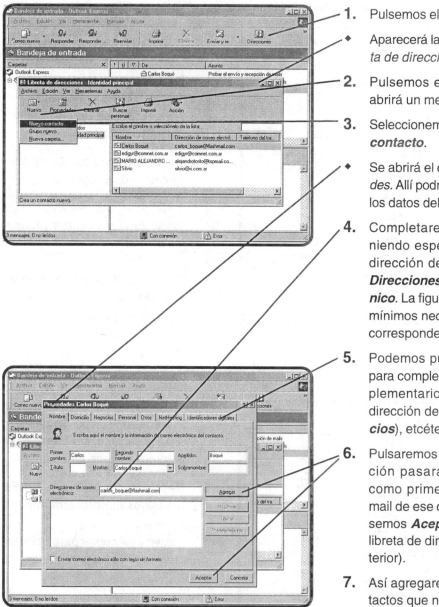

1. Pulsemos el icono **Direcciones**.

♦ Aparecerá la ventana de la *Libreta de direcciones*.

2. Pulsemos el botón **Nuevo**; se abrirá un menú.

3. Seleccionemos la opción **Nuevo contacto**.

♦ Se abrirá el cuadro de *Propiedades*. Allí podremos ingresar todos los datos del nuevo contacto.

4. Completaremos los datos poniendo especial cuidado en la dirección de e-mail del campo **Direcciones de correo electrónico**. La figura muestra los datos mínimos necesarios para enviar correspondencia.

5. Podemos pulsar otras solapas para completar otros datos complementarios, como domicilio, dirección de la empresa (**Negocios**), etcétera.

6. Pulsaremos **Agregar** y la dirección pasará al sector blanco como primera dirección de e-mail de ese contacto. Luego pulsemos **Aceptar** para volver a la libreta de direcciones (figura anterior).

7. Así agregaremos todos los contactos que necesitemos.

8. Finalmente, podemos cerrar la libreta para utilizarla luego.

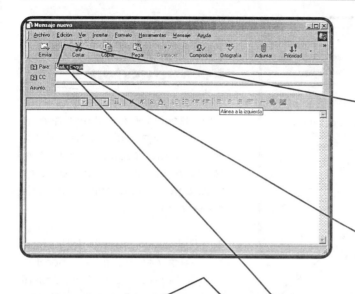

Cómo tomar una dirección de la libreta

1. Comencemos a escribir las primeras letras del nombre de la persona (no nos referimos a la dirección de correo sino al nombre de la persona), *Outlook* buscará en la libreta los nombres que comiencen con las letras escritas.

    ◆ Cuando encuentre un nombre coincidente, completará el campo por nosotros.

2. En ese momento pulsaremos para pasar al siguiente campo.

    Otra forma de ingresar un nombre es elegirlo en la lista:

3. Seleccionemos el nombre ingresado y pulsando Supr borrémoslo.

4. Pulsemos sobre el botón *Para*, que se encuentra a la izquierda del campo, y se presentará la ventana de selección de personas.

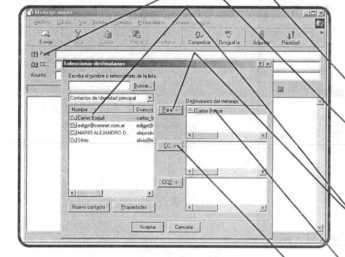

5. Pulsaremos sobre la persona elegida y luego el botón *Para* de la *Libreta*.

    ◆ El nombre elegido aparecerá en el campo de la derecha.

    ◆ También podemos seleccionar alguna otra persona y pulsar el botón *CC*, o *CCO* si deseamos que el mensaje también le sea enviado a otras personas.

6. Pulsemos *Aceptar*.

    ◆ Desaparecerá el cuadro anterior y estaremos nuevamente en la ventana de redacción con las direcciones ya cargadas.

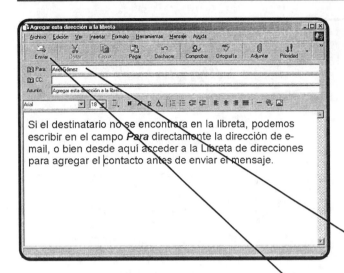

Agregar un contacto sin salir de Redacción

Si ya hemos ingresado a la ventana de redacción y advertimos que no hemos agregado el destinatario a la libreta, podremos acceder a la libreta desde la ventana de redacción para agregar el contacto antes de enviar el mensaje.

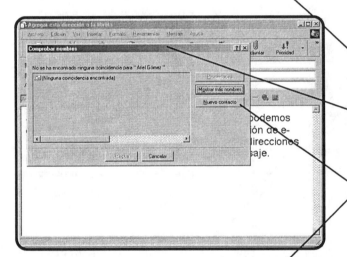

1. Pulsemos dentro del campo **Para** y escribamos el nombre de la persona a la que deseamos enviar la correspondencia (en la forma *nombre apellido*).

2. Terminemos de escribir el texto del mensaje y pulsemos **Enviar**.

   ◆ Al detectarse que el contacto no existe, se presentará la ventana **Comprobar nombres**.

3. Pulsemos **Nuevo contacto** para abrir el cuadro ya visto en la figura 13 de este capítulo.

4. Volveremos a ingresar el nombre y los demás datos, del mismo modo que lo hicimos en su oportunidad.

5. Pulsaremos **Aceptar**, lo que nos devolverá a la ventana de redacción con el nombre ya cargado.

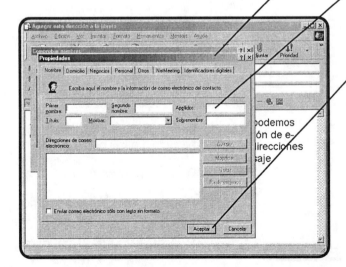

El nuevo nombre reemplazará al que estaba ya escrito en el campo en caso de que ambos fueran distintos.

Cómo modificar datos de la dirección

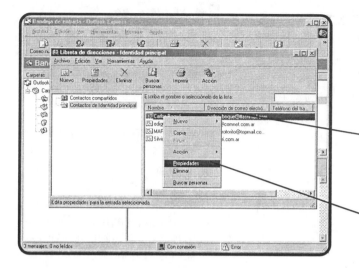

1. En la lista de la libreta de direcciones pulsemos con el **botón derecho** sobre el contacto que deseamos modificar.

2. Aparecerá un menú contextual en el que seleccionaremos *Propiedades*.

♦ Se presentará un cuadro de múltiples solapas mostrando un resumen de todos los datos del contacto seleccionado (el contacto de la figura sólo tiene ingresado el e-mail).

3. Pulsemos la solapa *Nombre* y estaremos ante el cuadro que ya vimos en este capítulo (figura 19) que tendrá cargados los datos del elemento elegido y nos permitirá modificar cualquiera de los mismos.

También disponemos de una opción *Propiedades* en el menú *ARCHIVO* de la libreta de direcciones (o, si lo preferimos, pulsando Alt + Enter↵) que nos presentará el resumen del contacto seleccionado .

Cómo eliminar un contacto

Si pulsamos con el botón derecho sobre un contacto se presentará el menú contextual que vimos en la primera figura de esta página. Elegiremos *Eliminar* para borrar el contacto de la libreta.

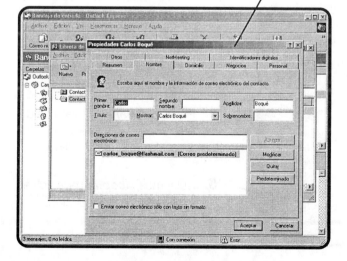

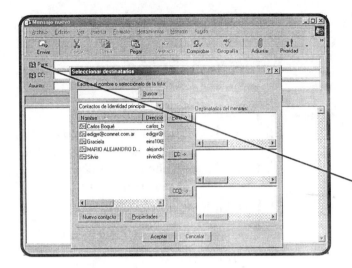

Enviar un mismo mensaje a un grupo de destinatarios

En lugar de una dirección podemos asignar varias, veamos cómo.

1. En la ventana de la página anterior pulsemos el botón **Correo nuevo**, para abrir la pantalla de redacción de mensaje. Allí pulsemos el icono **Para** para abrir la libreta de direcciones.

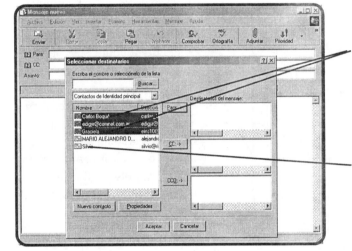

2. Pulsemos sobre una de las direcciones, pulsemos la tecla ⬆ y sin soltarla pulsemos con el *mouse* sobre la última de las direcciones que deseamos asignar al mail.

3. Soltemos ⬆, mantengamos pulsada ahora Control y pulsemos con el *mouse* una a una sobre todas las direcciones que deseamos agregar al grupo anterior.

Podemos combinar los métodos de los pasos 2 y 3 para seleccionar de la lista todas las direcciones de mail a las que deseamos enviar el mensaje. Las mismas quedarán claramente resaltadas con un fondo azul.

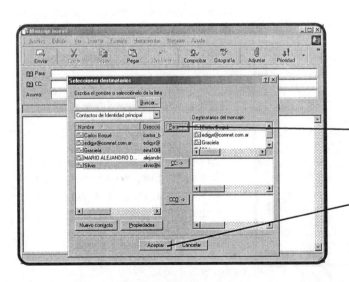

4. Pulsemos **Para**, y la lista de direcciones elegida se transferirá a la casilla correspondiente.

5. Pulsemos **Aceptar** para volver a la ventana de redacción.

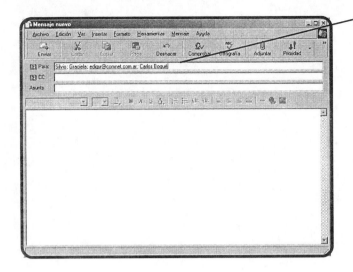

• Las direcciones elegidas quedarán cargadas en el campo **Para**
  de la ventana de redacción.

Luego podremos proseguir con la redacción y el envío del mensaje de la
forma que ya conocemos, para que el
mismo sea enviado al grupo de des-
tinatarios elegidos.

8 Chat

Chat es un vocablo inglés que tiene un equivalente exacto en castellano: *charlar*. Y *chatear* con la PC significa enviar y recibir mensajes instantáneos, mensajes que escribiremos con el teclado.

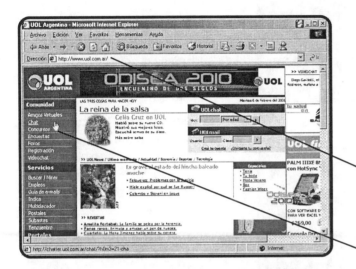

Si para *chatear* necesitamos utilizar el teléfono ¿porqué no hablamos directamente?. Pues porque la ventaja que nos da el *chat* es que nos permite comunicarnos con varias personas a la vez para intercambiar ideas, tal y como si estuviéramos reunidos. Veamos cómo es esto:

1. Conectémonos con algún sitio que disponga de servicio de chat. Para el ejemplo utilizaremos **Uol** de argentina.

2. Pulsemos sobre la opción de *Chat*.

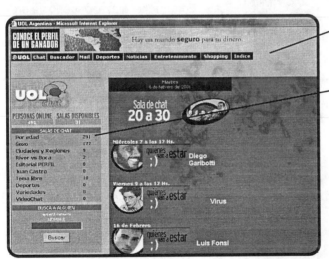

◆ Se abrirá la página correspondiente, donde podremos elegir con quienes chatearemos.

◆ En cuanto a la selección de *salas* (así se denominan los distintos grupos de *chat*) **Uol** dispone de los criterios que se muestran en la lista. Como vemos, éstos son diversos; podemos elegir grupos por edades, por temas de discusión, por ubicación geográfica, etcétera.

Gente famosa con la que podemos chatear

Antes de entrar a una sala de chat, observemos qué más nos ofrece esta página inicial del chat de **UOL**.

Vemos allí que aparecen fotos con los nombres de distintas personas, especificándose para cada una de ellas el día y la hora en que estarán presentes.

También podemos escribir un nombre para buscarlo entre las personas que se encuentran actualmente chateando, sin importar en qué sala se encuentre.

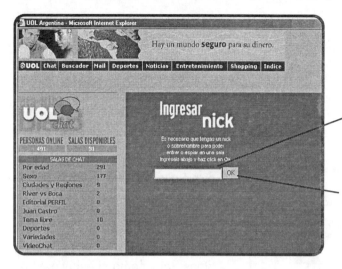

1. Seleccionemos (en la ventana de la figura anterior) algún criterio, por ejemplo **Ciudades y regiones**; a la derecha se nos indica que existen actualmente 9 salas.

♦ La página siguiente nos pide que ingresemos un *nick* (sobrenombre con el que nos identificaremos ante los otros usuarios del chat).

2. Si ya somos conocidos en el chat utilicemos el nombre de siempre o bien creemos un nombre al efecto. Escrito el nombre pulsemos OK.

♦ Aparecen ahora las zonas a las que corresponden las distintas salas de chat disponibles, obsérvese que a la derecha, un número nos indica la cantidad de usuarios que intervienen.

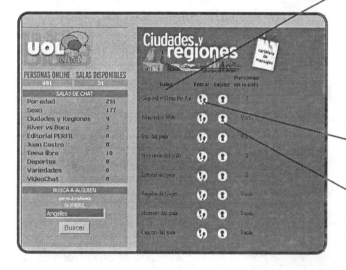

Tenemos dos alternativas para cualquiera de las salas que seleccionemos:

♦ Entrar a la sala; al hacerlo se presentará nuestro nombre al resto de los usuarios.

♦ *Espiar*; ver qué es lo que se dice pero sin intervenir, es decir, sin que nuestro nombre sea visto por los demás.

Si no sabemos bien de qué se trata es aconsejable utilizar esta última posibilidad.

3. Pulsemos entonces **Espiar** en la sala **Capital y Gran Buenos Aires**.

♦ Vemos quiénes son los que se encuentran en esa sala y una parte de los diálogos.

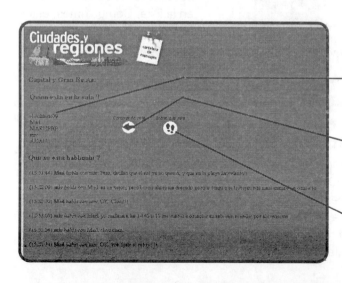

4. Si no encintramos lo que buscamos podemos pasar a otra sala pulsando **Otra sala** para volver a la ventana anterior.

5. Cuando nos decidamos por una de ellas pulsemos **Entrar** ya sea en esta pantalla o en la anterior

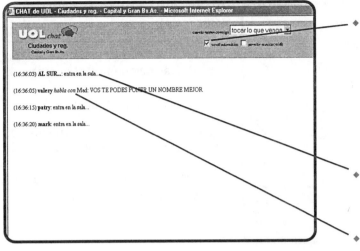

- Si desactivamos esta casilla, aparecerá una barra de desplazamiento a la derecha. Sólo accionando la barra los textos se desplazarán. De lo contrario, el desplazamiento será automático y, tal vez, no alcancemos a leer todos los mensajes.

- Así se indica el nombre del usuario que acaba de entrar a la sala.

- De este modo se indica a quién va dirigido el mensaje que se recibe.

6. Seleccionemos la persona con la que deseamos inciar la concersación.

7. Escribamos aquí el mensaje

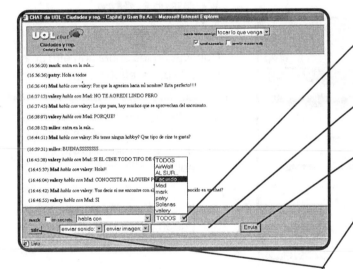

8. Pulsemos **Enviar**.

9. Es conveniente que nos despidamos o avisemos que salimos y luego pulsaremos **Salir**.

Nuestros mensajes pueden ir acompañados de sonidos o imágenes. Para ello:

10. Podemos acompañar nuestros mensajes con sonidos y/o imágenes, para ello abramos las listas respecticas y seleccionemos alguno de ellos.

Si nos resulta excesiva la cantidad de usuarios conectados o deseamos chatear sólo con alguno de ellos podemos filtrar los mensajes, veamos cómo hacerlo:

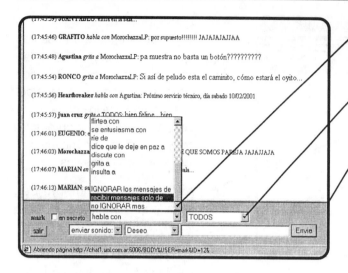

11. Abramos la primera lista y seleccionemos *Recibir mensajes sólo de*.

12. Seleccionemos el nombre del usuario en la lista que se encuentra a la derecha.

13. Pulsemos *Enviar* para que sea tomado el cambio solicitado.

A partir de ese momento sólo chatearemos con la persona elegida.

Veamos otro ejemplo

Conectémonos ahora con otro chat, provisto por el **elsitio.com**.

1. Para acceder a la página correspondiente escribamos el la línea de direcciones: **elsitio.com** y pulsemos ⟨Enter ↵⟩.

2. Una vez presentada la página pulsemos sobre *Chat* para pasar a la sección correspondiente.

Observemos que entre otras opciones este sitio nos ofrece una casilla de e-mail gratuito. Tambien disponemos de esa posibilidad en la página de Uol que vimos anteriormente.

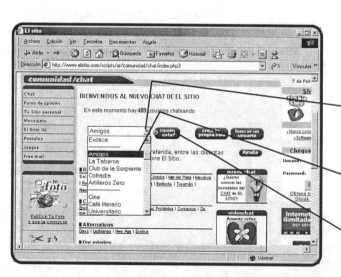

3. Nos encontramos en la página de chat de **elsitio**, abramos la lista de *salas de chat*.

4. Elijamos una de ellas, por ejemplo **Amigos**.

5. Pulsemos *Quién está*, para acceder a la sala de chat.

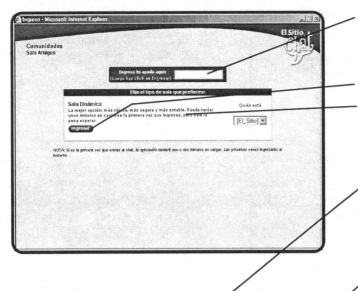

1. Pulsemos en el primer campo y escribamos nuestra identificación.

2. Pulsemos *Ingresar*

♦ La leyenda advierte que si se trata del primer ingreso a este chat, se demorará un par de minutos en responder.

♦ Se presentará luego una página en donde podremos leer una lista de recomendaciones útiles que harán nuestra sesión de chat más placentera y ordenada.

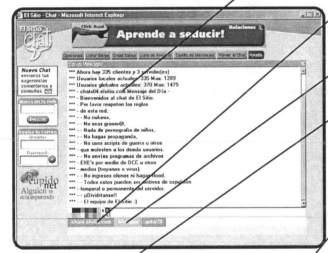

3. Si esta página desapareció y queremos verla nuevamente, pulsemos aquí.

4. Para ver a todos los integrantes de la sala pulsemos aquí.

♦ Seguidamente aparecerá la lista de mensajes en donde probablemente tengamos la bienvenida de quién /quienes se encuentran en la sala.

5. Escribamos nuestro primer mensaje y pulsemos Enter para transmitirlo.

♦ Podemos asignar un color a los textos de nuestros mensajes pulsando aquí.

Así escribiremos los mensajes y pulsaremos Enter mientras leemos los mensajes de todos.

6. Si deseamos seguir en privado sólo con algún participante pulsaremos doble clic sobre el nombre correspondiente en la lista de la derecha.

Al hacerlo, sólo veremos los mensajes de ese usuario y los nuestros..

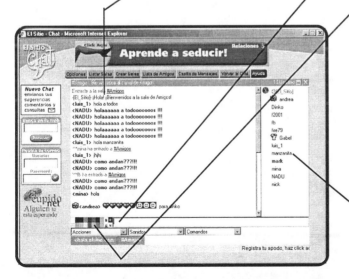

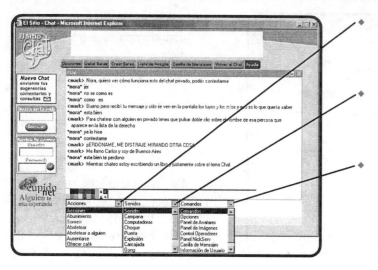

◆ Para insertar un pequeño icono de expresión abramos esta lista y seleccionemos alguno.

◆ Con esta otra lista podremos transmitir sonidos que escucharán todos.

◆ La tercera lista permite una variedad de acciones como: Configurar la lista para que aparezca la hora de los mensajes, desactivar los sonidos y enviar un e-mail.

9 Bajando programas de utilidad

Una de las prestaciones más importantes de Internet consiste en la posibilidad de obtener gratuitamente ciertos programas de utilidad. A este respecto, trataremos aquí sólo aquellos que por su amplia difusión consideramos de mayor importancia.

Si luego de probar el programa lo encontramos verdaderamente útil podremos, en la mayoría de los casos, suscribirnos o comprarlo para gozar de beneficios tales como actualizaciones, asistencia técnica, manuales de uso y asesoramiento vía correo electrónico.

Qué haremos de aquí en más

Explicaremos aquí los procedimientos para bajar los distintos programas propuestos y luego, en sucesivos capítulos, mostraremos lo básico del uso de cada uno de ellos.

Y volviendo a la principal utilidad que mencionábamos anteriormente, existe un programa, **GetRight**, que más que facilitarnos la tarea de copiar archivos, se hace cargo de la misma con una eficiencia admirable (tema que explicaremos más adelante, en el capítulo correspondiente). Como el objetivo del presente capítulo es copiar de la red, cargaremos primeramente ese programa. Logicamente, por no disponer del mismo debemos utilizar, por esta primera vez, el procedimiento estándar del Internet Explorer para bajarlo; luego lo instalaremos, y finalmente lo utilizaremos en el presente capítulo para bajar el resto de los programas.

Bajemos GetRight

Como dijimos, debemos utilizar inicialmente las facilidades de transferencia de archivos de Internet Explorer 5.5 para bajar **GetRight**; veamos cómo es eso:

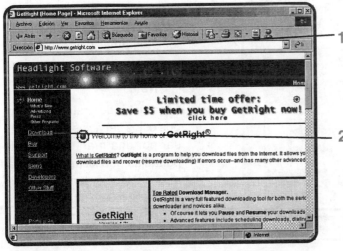

1. En la barra de direcciones del Explorer escribamos la dirección del sitio **http://www.getright.com** para traer la página inicial del mismo.

2. Pulsemos sobre la opción **Download** (bajar, copiar el programa).

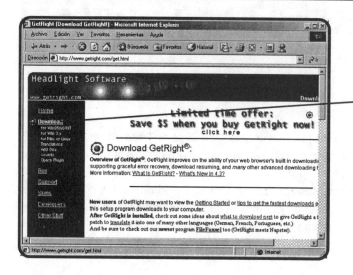

3. Pulsemos por segunda vez el hipervínculo *Download*.

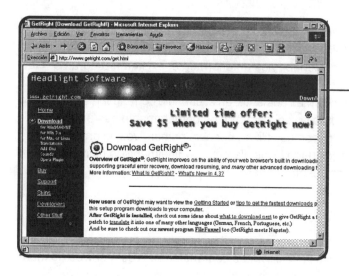

4. Desplacemos hacia abajo hasta que aparezca un planisferio.

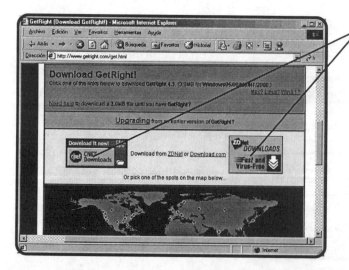

5. Pulsemos alguno de estos dos botones para iniciar uno de estos programas de descarga.

 Nota:

El carácter de gratuidad de todos estos servicios obliga a pasar por una gran cantidad de pantallas publicitarias. Tengamos paciencia, luego, cuando instalemos **GetRight**, veremos cómo se simplifica notablemente esta tarea.

6. Pulsemos ahora el hipervínculo *Download Now* para comenzar efectivamente la descarga del programa.

Bajemos el archivo con el Explorer

7. Esta es la primera pantalla del asistente para transferencia de archivos del Internet Explorer 5.5. Dejemos activa la casilla *Guardar este programa en disco* y pulsemos *Aceptar*.

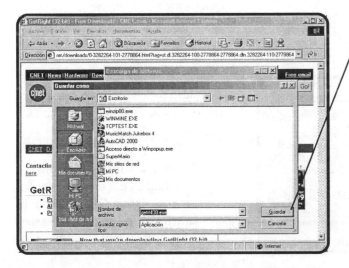

8. Se presentará seguidamente el cuadro de *Guardar como* en donde debemos especificar en qué carpeta grabaremos el archivo. Pulsemos *Guardar* para aceptar los valores por omisión.

Se guardará el archivo **Getrt430.exe** (o el que corresponda a la versión actual del programa) en el **Escritorio**.

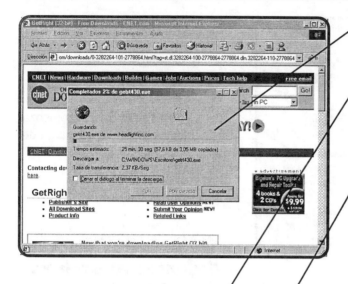

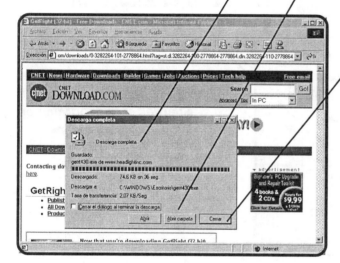

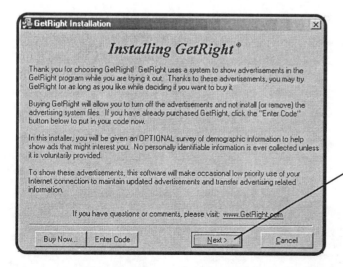

♦ Un cuadro nos indica sobre el progreso de la operación.

♦ Este mismo cuadro nos indicará que la descarga se ha completado, por lo que estamos ya seguros de que el archivo se encuentra completo y guardado.

♦ Se presentan tres opciones:

Cerrar, cierra el cuadro.

Abrir carpeta, abrirá Mi PC mostrándonos la carpeta en donde se ha copiado el archivo.

Abrir, abrirá el archivo que en este caso, por tratarse de un tipo **.exe**, se pondrá inmediatamente en ejecución para instalar el programa **GetRight**.

9. Optemos por *Cerrar*.

Organicemos los archivos

Crearemos una carpeta en donde colocaremos todos los programas que descargamos de la Web. Es recomendable, para evitar confusiones, que dentro de esa carpeta creemos una nueva carpeta para cada programa. Así, colocaremos un nombre inteligible a las mismas y sabremos de qué se trata su contenido.

Creemos entonces una carpeta con un nombre como, por ejemplo, **Para instalar**, y dentro de la misma creemos otra **GetRight** donde copiaremos el archivo recién obtenido que, como vimos, se encuentra en el escritorio.

Instalemos GetRight

1. Abramos la carpeta **GetRight** recién creada y pulsemos **doble clic** sobre el archivo **Getrt430.exe** (o **Getrt.exe**) para iniciar el asistente. Luego pulsemos **Next**.

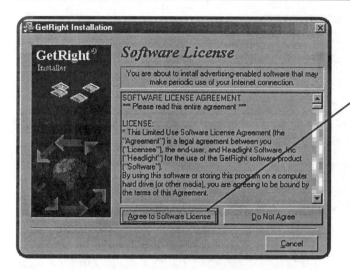

2. En el segundo cuadro de este asistente leamos el contrato de licencia y luego pulsemos **Agree...** (Acepto...)

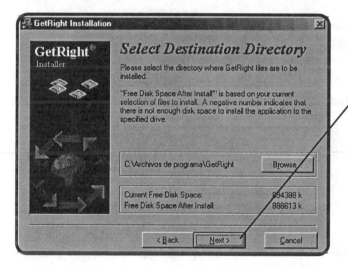

3. En este tercer cuadro dejemos las opciones prestablecidas para que **Getright** se instale en la carpera *Archivos de programa* y pulsemos *Next*.

4. Aparecerá un cuarto cuadro sólo de conformación en donde pulsaremos el botón *Next* para iniciar el proceso de instalación.

♦ Un cuadro con dos barras de progreso nos indicarán sobre la evolución de la instalación.

A su término, se presenta un formulario (no mostrado aquí) en donde se nos requieren datos que según podemos leer allí no son identificatorios sino sólo informativos; se trata de una especie de encuesta. Llenémoslo y pulsemos *Continue*.

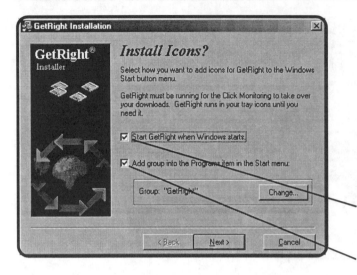

Este programa puede funcionar como monitor; esto es, el mismo se encuentra siempre activo y detecta cualquier operación de *Download* que intentemos para hacerse cargo de la misma. Podemos desactivarlo como monitor y en ese caso, cuando deseemos utilizarlo deberemos ejecutarlo e indicar expresamente las descargas que deseamos efectuar.

♦ Dejemos activa la casilla para que funcione como monitor.

♦ Dejemos activa también esta casilla para que se cree un grupo **GetRight** en el menú inicio.

♦ Esta pantalla nos permite optar por la instalación de la utilidad **Aveo**. La función de la misma consiste en impedir que sean modificados archivos del programa **GetRight** por futuras instalaciones de distintas utilidades para la Web.

5. Dejemos activa la casilla y pulsemos *Next*.

♦ La siguiente pantalla nos permite optar por una instalación básica o completa. Dejemos activa la casilla predeterminada (**Complete**) y pulsemos *Next*.

♦ Elegiremos aquí la carpeta en donde se copiarán los archivos recibidos; dejemos la carpeta propuesta. Luego podremos buscar allí todo lo que hayamos descargado para copiarlo al lugar que corresponda, como por ejemplo una carpeta creada al efecto dentro de la carpeta *Para instalar*.

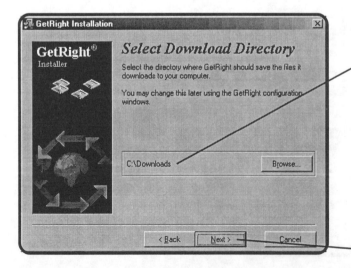

6. Pulsemos *Next*.

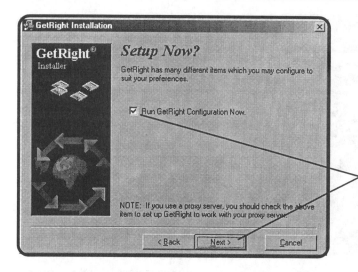

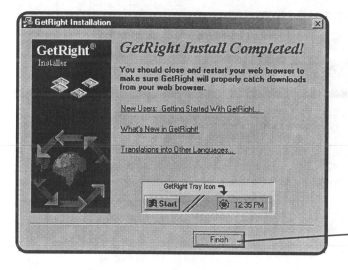

◆ La siguiente pantalla está referida a los comandos que **Getright** debe capturar para hacerse cargo automáticamente de las transferencias.

7. Dejemos las dos casillas activas y pulsemos *Next*.

8. La siguiente pantalla nos permite optar por correr ahora la configuración. Dejemos activa la casilla correspondiente y pulsemos *Next*.

9. Se presentará un cuadro de múltiples solapas en donde pulsaremos directamente el botón *Aceptar* sin modificar ninguno de sus parámetros.

◆ Es posible que se nos ofrezca a continuación algún otro programa para comprar en la red o hacer compras online, instalémoslo si lo deseamos o de lo contrario pulsemos el botón *No, thanks.*

10. Un último cartel nos indica que la instalación ha concluido. Pulsemos *Finish*.

Si apareciera otro cuadro de AVEO, cerrémoslo.

Ahora intentaremos nuestra próxima descarga con **GetRight**.

11. Es necesario reiniciar el sistema para que quede correctamente instalado el monitor **GetRight**.

Bajemos WinZip

1. En la barra de direcciones del Explorer escribamos **winzip.com** y pulsemos Enter↵ para traer la página inicial del mismo.

Winzip es un programa que resulta ya imprescindible pues debido al creciente tamaño de los archivos resulta indispensable comprimirlos para su almacenamiento. Winzip cumple a la perfección esta función creando nuevos archivos que ocupan 1/20 o menos que los originales y que podremos descomprimir utilizando el mismo programa, para finalmente recuperar intacto su contenido.

2. Pulsemos sobre este hipervínculo para confirmar que deseamos copiar el programa.

3. Ya en la siguiente página pulsemos aquí para iniciar la descarga.

Usemos GetRight

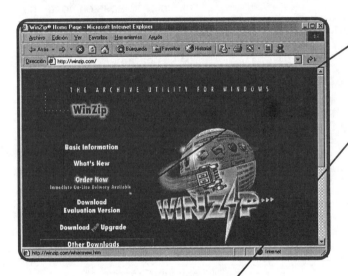

◆   Como tenemos instalado **GetRight**, éste detectará que se está intentando transferir un archivo y se hace inmediatamente cargo de la transferencia; presenta su primera ventana en donde debemos indicar la unidad/carpeta en que guardaremos el archivo.

◆   GetRight asume como carpeta predeterminada a **C:\DownLoads**, carpeta creada por el mismo programa cuando se lo instaló.

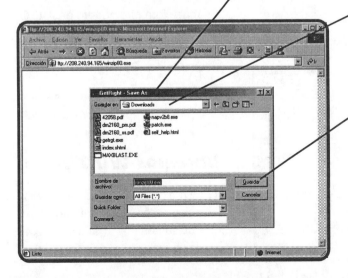

3. Dejaremos los valores predeterminados y pulsaremos el botón *Guardar*.

◆   Un primer mensaje "**Connected, Setting up transfer**" nos indica que se estableció la conexión con el servidor. Luego, se nos informa sobre la evolución del proceso mostrándonos:

❶ Nombre del archivo que transferimos del servidor, ❷ nombre del archivo y ubicación en donde se copiará, ❸ cantidad de **Kb** (kilobytes) transferida, ❹ cantidad de **Kb** totales del archivo y porcentaje actualmente copiado, ❻ cantidad de kilobytes que se están transfiriendo por segundo y ❼ barra de progreso.

Cuando termina el proceso de copia desaparece el cuadro indicador y no aparece ningún otro aviso; el archivo ha sido copiado correctamente.

Bajemos Copernic

Se trata de un buscador de buscadores. Con **Copernic** encontraremos cualquier información que pudiera resultarnos necesaria.

1. Como siempre, nos conectaremos primeramente con el sitio correspondiente. Escribamos: **http://www.copernic.com** y luego pulsemos Enter↵ o el botón *Ir a*.

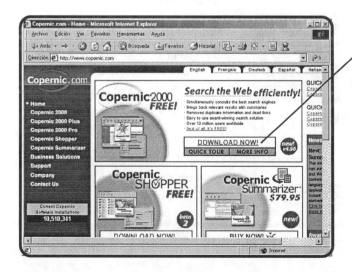

◆   Se presentará la primera página del sitio en donde se nos ofrecerá un hipervínculo de descarga: *DownLoad Now* pero no lo pulsemos.

Observemos que en el sector inferior, en la barra de tareas, ha aparecido un segundo icono de *Copernic*; pulsémoslo para mostrar la página correspondiente (primera figura de la página siguiente).

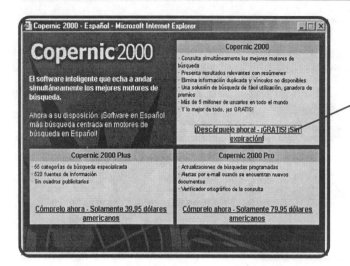

Se trata de la página de la versión española del programa.

2. Pulsemos este hipervínculo para descargar la versión gratuita en español.

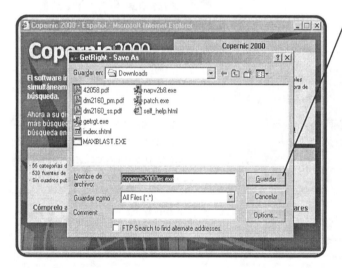

3. Una vez más, **Getright** ha detectado la operación de descarga y acude en nuestra ayuda. Pulsemos *Guardar* y eso es todo.

Bajemos WinMX

Se trata de un programa que nos permitirá compartir con otros usuarios diversos archivos de multimedia como música **MP3**, imágenes **jpg**, y videos *avi* o **mpg**.

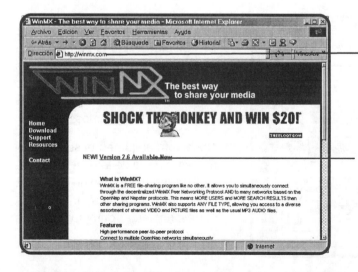

1. Escribiremos la dirección del sitio **WWW.WinMX.com** y pulsaremos Enter↵ para traer su página principal.

2. Pulsemos este hipervínculo para pasar a la página de descarga de la versión del programa que se encuentre actualmente disponible.

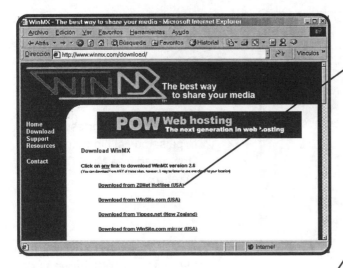

3. Pulsemos sobre alguno de estos vínculos para elegir desde donde descargaremos el programa.

4. Pulsemos el icono *Download now* para traer la ventana de descarga de Internet explorer o bien la correspondiente a Getright si tenemos instalado este programa.

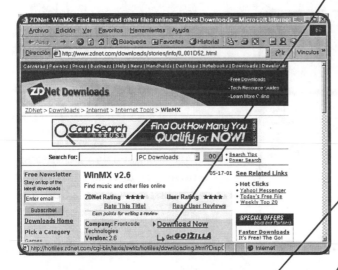

5. Activemos la casilla *Guardar este programa en disco*.

6. Pulsemos Aceptar para iniciar el proceso de descarga.

Luego en la siguiente ventana (no mostrada aquí) elegiremos la carpeta en donde se copiará el archivo **Winmx** y pulsaremos *Aceptar*.

Concluído el proceso tendremos el archivo **WinMx.exe** en el escritorio si efectuamos el *download* con Internet Explorer o en C:\Downloads si lo hicimos con *GetRight*, listo para ejecutarlo e instalar así el programa. Haremos esto en el Capítulo 14.

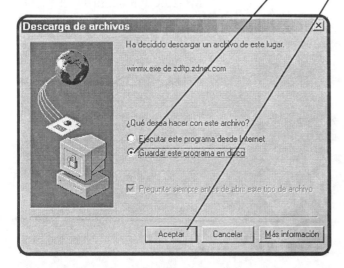

Bajemos JukeBox

1. Escribamos la dirección del sitio:
   http://musicmatch.com `Enter ←`

2. Ya en la página correspondiente pulsemos el hipervínculo:
   Download free MUSICMATCH jukebox

3. Llenemos los dos campos de datos con nuestro nombre y dirección de correo electrónico.

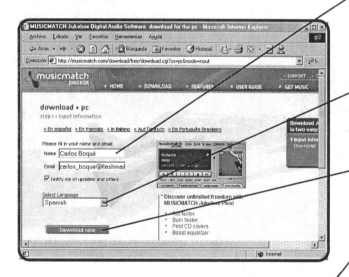

4. Seleccionemos **_Español_** en la lista.

5. Pulsemos el botón **Download now** para activar **GetRight** y presentar la ventana **_Getright save as_** que ya conocemos.

   ♦ Esta vez el nombre del archivo a descargar será algo más largo:
   mmsetup_6.00.2016_ESP.exe por incluir en el nombre la versión y el idioma.

6. Pulsemos el botón **_Guardar_** de esa ventana y esperemos a que concluya el proceso.

   ♦ En este caso se trata de un archivo algo más grande (alrededor de 8 Mb) por lo que el tiempo de descarga será de aproximadamente 25 minutos.

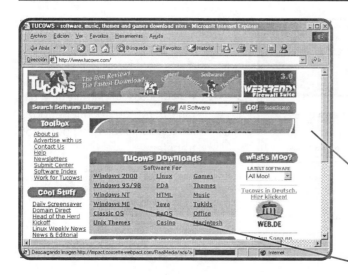

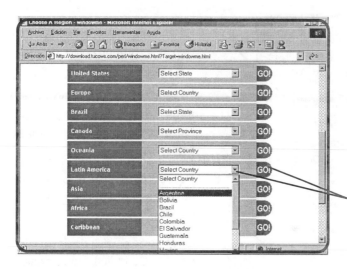

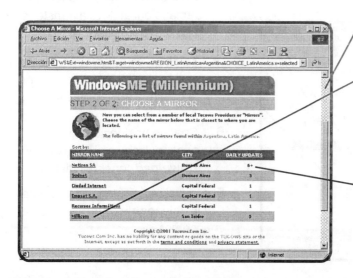

Accedamos a Tucows

Se trata de un servidor de *download* desde donde podremos copiar programas. Dispone de una variadísima lista ordenada por temas o tipo de programas.

1. En la barra de direcciones escribamos

http:\\www.tucows,com Enter↵ para traer la página inicial.

2. Lo primero que debemos elegir es el sistema operativo sobre el que deben correr los programas que bajemos. Pulsemos sobre Windows ME, Windows 98, etc. según el sistema que tengamos instalado.

Tucows tiene servidores distribuidos por el mundo y para evitar congestionamientos se pretende que elijamos el lugar correspondiente a nuestra residencia.

3. Abramos la lista *Latin America*, seleccionemos de allí *Argentina* y pulsemos el botón *Go* que se encuentra junto a la lista.

4. Desplacemos la barra hacia abajo para ver los sitios servidores correspondientes a Argentina.

5. Pulsemos sobre alguno de estos servidores; todos son "espejos" del servidor principal y se actualizan una cantidad de veces por día (con las novedades).

♦ La cantidad de actualizaciones diarias se indica aquí pero esto no nos interesa a menos que estemos esperando que salga algún nuevo programa.

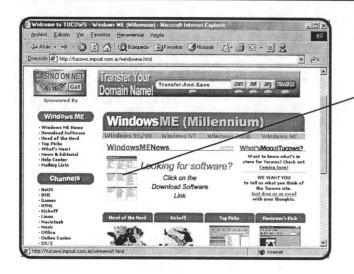

6. Pulsemos aquí para traer la página menú que contiene todas las aplicaciones que podremos transferir.

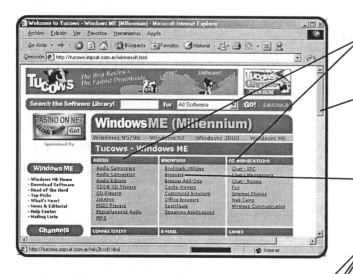

♦ Se muestran varias listas en donde se organizan los programas por temas.

7. Ubiquemos primeramente el tema; para ello desplacemos la barra hacia abajo para ver más listas.

8. Pulsemos sobre uno de los subtemas para mostrar su contenido.

♦ Cada barra es el título de la aplicación. Se indica a que desarrollador de *soft* pertenece, el tamaño del archivo a transferir, una breve explicación.

♦ También se muestra una calificación de 1 a 5 expresada por la cantidad de vaquitas *(cows)*.

8. Cuando nos decidamos por alguno, pulsemos el hipervínculo **Download** correspondiente.

El archivo será copiado a la carpeta C:\Downloads de la forma que ya conocemos.

10 Instalación y uso de WinZip

Qué es WinZip

WinZip es un programa *shareware* que permite reunir en un archivo comprimido uno o más archivos de cualquier tipo. Este programa es actualmente el más popular entre los de su tipo por su rapidez, confiabilidad, alto factor de compresión y facilidad de uso.

Instalemos WinZip

WinZip es una aplicación autoinstalable, lo que nos simplificará considerablemente este primer proceso que, se reduce a los siguientes pasos:

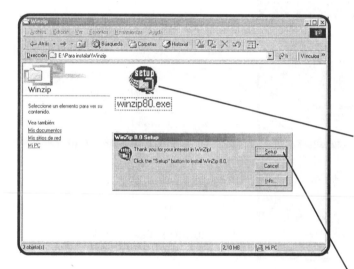

1. Ubiquemos el archivo **WinZip80.exe** que bajáramos de la Web en el capítulo anterior y pulsemos doble clic sobre el mismo para ejecutarlo.

2. Pulsemos el botón **Setup** para iniciar la instalación.

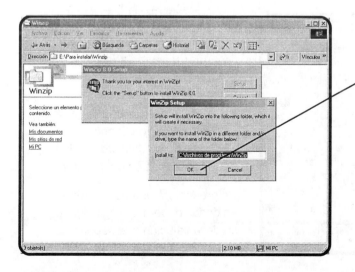

3. Pulsemos el botón **OK** para confirmar como carpeta del programa a **C:\Archivos de Programa\Winzip.**

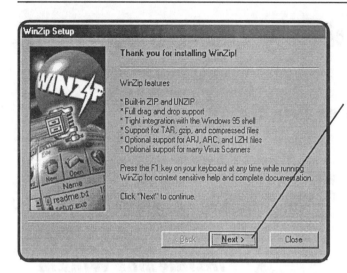

4. Pulsemos el botón **Next** para seguir adelante con el proceso de instalación.

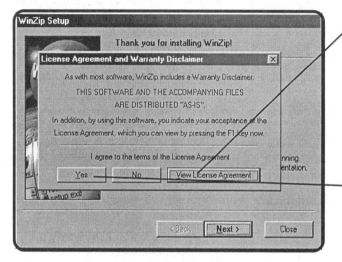

5. En este cuadro se indica que deben respetarse las condiciones del contrato de uso. Para ver dicho contrato debemos pulsar el botón **License Agreement**.

6. Luego pulsemos **Yes** para continuar.

7. Aparecerá una ventana similar en donde se nos propone imprimir u leer en la pantalla una ayuda rápida para el principiante; leamos, imprimamos o pulsemos **Next** para continuar y pasar a la siguiente pantalla del asistente.

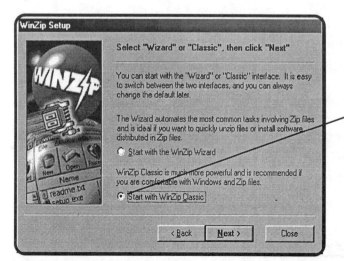

8. Activemos la casilla **Start with WinZip Classic** y pulsemos **Next**. Utilizaremos la interfase clásica del programa.

Se presentará una nueva ventana en donde debemos elegir el proceso de instalación que seguiremos.

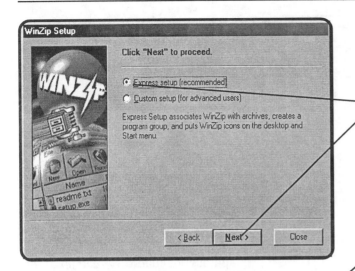

9. Aceptaremos la opción propuesta (*Express setup*) y pulsemos *Next*.

♦ Como toda aplicación, Windows, WinZip se asocia naturalmente a algún tipo de archivo, que para nuestro caso son aquéllos de extensión **zip**, pero además, WinZip permite abrir otros archivos comprimidos.

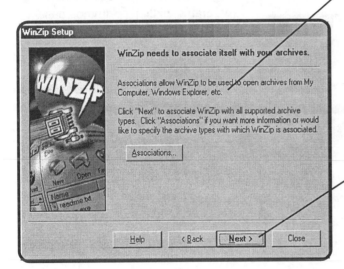

10. Pulsemos *Next* para que WinZip quede asociado con todos los archivos comprimidos que es capaz de manejar.

La siguiente ventana nos indica que ha concluído el proceso:

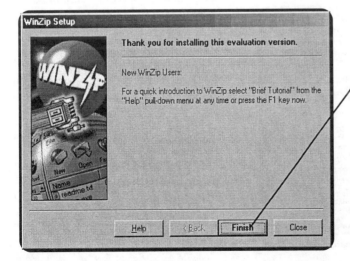

11. Pulsemos *Finish* y aparecerá la ventana de trabajo de WinZip, que es la misma con la que trabajaremos habitualmente.

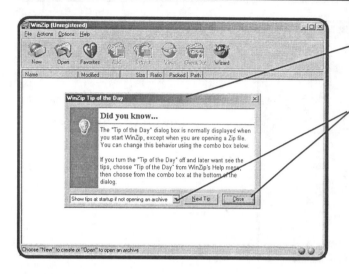

◆ Aparecerá un cuadro de ayuda que nos mostrará consejos sobre el uso del programa.

12. Si deseamos que el mismo no vuelva a aparecer, abramos la lista, seleccionemos la opción:

Never show ... y pulsemos el botón *Close*.

Nota:

De no hacer esto último, volverá a aparecer el cuadro *WinZip tip of the day* todas las veces que iniciemos el programa, si bien podremos desactivarlo en cualquier momento con la opción ya indicada.

13. Cerremos también la ventana del programa.

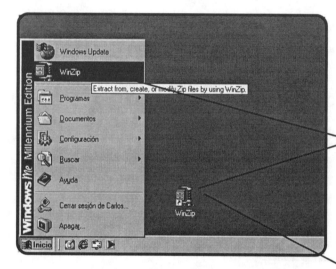

◆ Este proceso, además de instalar el programa e incluirlo en el menú *INICIO* creará, para nuestra comodidad, un acceso directo en el *Escritorio:*

Abramos el programa

1. Pulsemos doble clic sobre el icono del escritorio para abrir la ventana de la figura anterior.

◆ Por no tener la versión registrada del programa (la cual podremos adquirir fácilmente pulsando el botón *Ordering Info*) se presentará siempre esta ventana al iniciarse el programa.

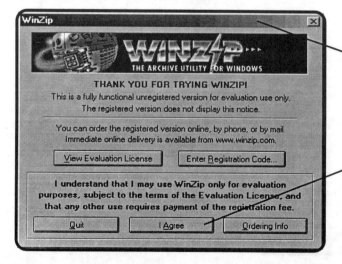

2. Sólo tenemos que pulsar el botón *I Agree*, para abrir la ventana de trabajo del programa (figura de la siguiente página) y trabajar normalmente con el mismo.

Configuremos la barra de botones

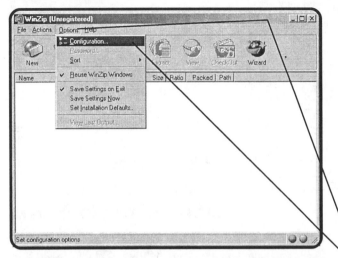

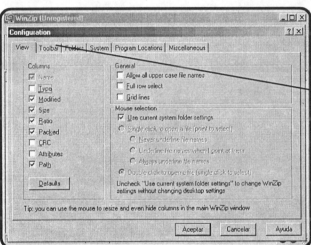

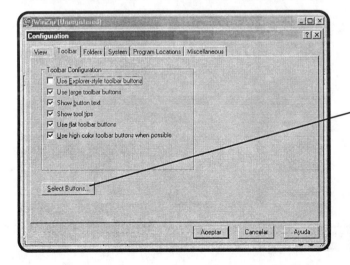

Propondremos ahora una forma de trabajo muy sencilla, utilizando sólo dos o tres comandos básicos que serán suficientes para el resguardo habitual de nuestra información.

Agreguemos un comando importante

Agregaremos a la barra el botón correspondiente al comando *Test*, comando que utilizaremos siempre para verificar la información luego de almacenarla en el disquete o Zip de resguardo.

1 Abramos el menú *OPTIONS* y pulsemos sobre *Configuration*. Se presentará el cuadro de la siguiente figura.

2. Pulsemos sobre la solapa *Toolbar* para presentar la hoja de configuración de la barra de herramientas.

3. Pulsemos *Select buttons* para acceder al cuadro (página siguiente) que nos permitirá agregar el botón que necesitemos y eliminar (si lo deseáramos) aquéllos que no utilizaremos.

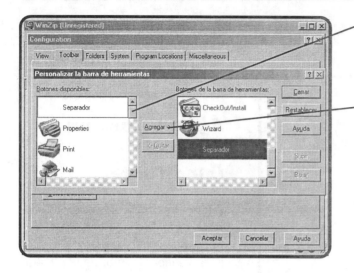

Deslicemos hacia abajo la barra de desplazamiento del panel izquierdo hasta que se haga visible el botón **Test**.

2. Pulsemos **Agregar** y dicho botón se moverá al cuadro derecho. Allí se encuentran representados todos los comandos contenidos actualmente en la barra de botones del programa.

Eliminemos comandos para simplificar la barra

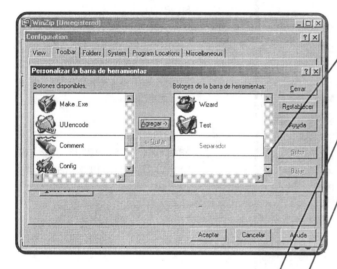

3. Deslicemos este otro hacia arriba para ubicarnos en el primero de los comandos de la barra.

4. Pulsemos sobre el botón **Add** para seleccionarlo.

◆ Se habilitará ahora el botón **Quitar**.

5. Pulsemos **Quitar** y el botón seleccionado se moverá al panel izquierdo; ya no estará más en la barra pero, como vimos anteriormente, si fuera necesario volver a incluirlo será muy fácil hacerlo.

6. Del mismo modo eliminemos de la barra los botones: **Extract**, **View**, **CheckOut/Install**, **Favoritos** y **Wizard**.

　Nota:

Los comandos **Add** y **Extract** son los más importantes; no obstante, los estamos quitando porque manejaremos esas funciones pulsando y llevando desde y hacia Mi PC los archivos para comprimir y descomprimir respectivamente.

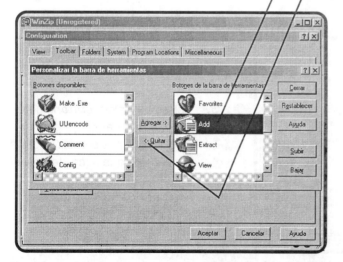

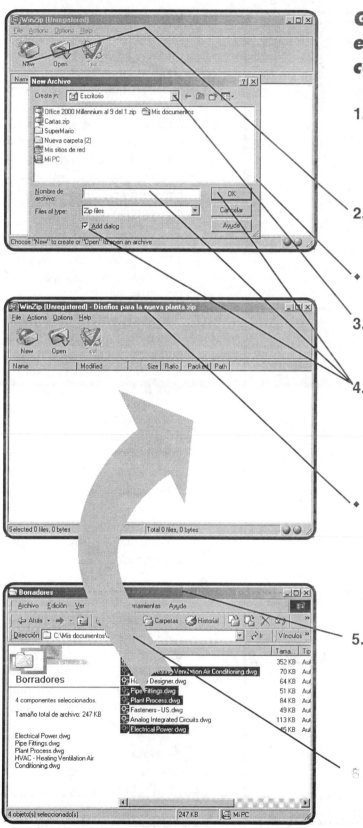

Guardar archivos en forma comprimida

1. Iniciemos WinZip del modo que se indicara anteriormente, pulsemos **I Agree** y estaremos frente al panel de trabajo del programa, por ahora en blanco.

2. Pulsemos el botón **New** para crear un nuevo archivo comprimido (por ahora vacío).

◆ Se presentará el cuado **New Archive**.

3. Abramos la lista superior y ubiquemos la carpeta donde almacenaremos el nuevo archivo.

4. Escribamos un nombre para este archivo, como por ejemplo **Diseños para la nueva planta**, pulsemos (para desactivar) la casilla **Add dialog**, y luego pulsemos el botón **OK**.

◆ Volveremos a ver el cuadro vacío; sólo hemos preparado el archivo comprimido para comenzar a recibir objetos. Notemos que en la barra de títulos se muestra el nombre del nuevo archivo comprimido.

5. Abramos Mi PC, ubiquemos la carpeta que contiene los objetos que deseamos guardar en forma comprimida y valiéndonos de las teclas ⬆ y/o Control seleccionemos todo lo que se guardará.

Pulsemos sobre el conjunto seleccionado y llevemos dentro del cuadro blanco de WinZip.

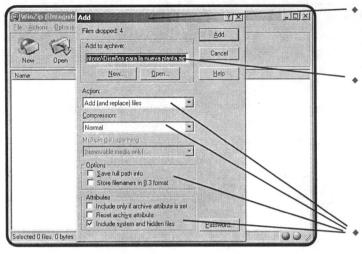

- WinZip detectó que intentamos efectuar un comando **Add** (agregar archivos) y presentó el cuadro correspondiente.

- Notemos que ya se encuentra indicado el nombre del archivo (que hemos creado vacío en el paso anterior). Si allí no hubiéramos asignado un nombre, el campo correspondiente se encontraría en blanco y deberíamos completarlo aquí.

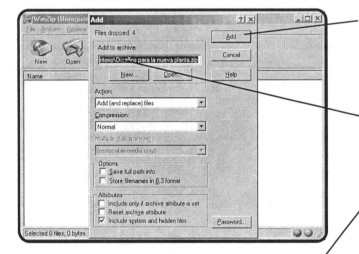

- El resto de los parámetros se encuentra asignado en sus valores predeterminados, que son los correctos.

7. Pulsemos entonces el botón **Add** para agregar los archivos que seleccionáramos en Mi PC al archivo comprimido **Diseños para la nueva planta.ZIP.**

- Ya sabemos dónde se encuentra este archivo porque nosotros mismos hemos definido su ubicación en las figuras 1ª y 2ª de la página anterior

- El panel de Winzip ya no está en blanco, ahora muestra los objetos que contiene el archivo comprimido.

8. Abramos Mi PC en la dirección indicada en el panel **Add** de la figura anterior y copiémoslo al medio removible (Zip o disquete) para guardar una copia fuera de la PC, este último, requisito indispensable para que pueda considerárselo como una copia de seguridad.

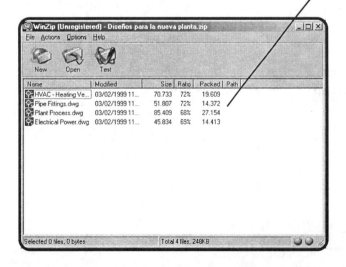

 Nota:
Pulsaremos sobre el archivo creado (**.zip**) con el botón derecho y seleccionaremos la opción *Enviar a*, para copiarlo a un medio removible.

Nota:

Cabe recordar que en el ejercicio anterior hemos creado el archivo comprimido en una carpeta del disco (C:, D:, etc.) y luego la copiamos al medio removible. Pero podríamos haber creado el archivo comprimido directamente en la unidad removible, lo cual habría sido un procedimiento más sencillo.

La razón de ser de esta forma de trabajar es que el proceso de compresión se efectúa más rápidamente en una unidad de disco rígido y es tanta la diferencia, que en el caso de archivos grandes es menor el tiempo que lleva crear el archivo en el disco más el de copiarlo a la unidad removible, que el de crearlo allí mismo. Y lo mismo ocurrirá cuando efectuemos el test, por lo que el procedimiento propuesto será copiar el archivo de la unidad removible al disco y testearlo en esa unidad, que es mucho más rápida.

Hagamos un test del archivo

1. Expulsemos el medio removible y volvamos a colocarlo (presionando hacia adentro sobre el borde del zip o disquete).

 Nota:

La finalidad de esta acción es que por lo general Windows asigna una memoria *cache* a las unidades removibles, esto es, una memoria donde se guarda la información grabada en el zip. Esta memoria se borrará cuando retiremos el medio removible. Si no lo hacemos, cuando efectuemos la copia la información sería tomada de la memoria *cache* en lugar de copiarse del zip. Esto es bueno en todos los demás casos, pero no aquí que queremos testear la información que realmente se grabó en el Zip.

2. Abramos con Mi PC el medio removible en donde tenemos el archivo **.zip** y copiémoslo a cualquier carpeta de nuestro disco; llevémoslo, por ejemplo, al escritorio.

3. Pulsemos **doble clic** sobre el archivo recién copiado para abrirlo con WinZip y presentar su contenido como lo muestra la última figura de la página anterior.

4. Pulsemos el botón *Test*.

♦ Se iniciará el proceso de verificación del archivo comprimido, el que terminará con un informe similar al que vemos aquí. Como podemos apreciar, aparece en primer término la leyenda **No errors detected...** Para que esto sea posible, WinZip guarda junto con la información ciertos datos redundantes (por ejemplo la suma de todos los bits de cada bloque). Cuando luego lee o verifica, vuelve a sumar cada bloque leído y lo compara con los datos de control que guardó.

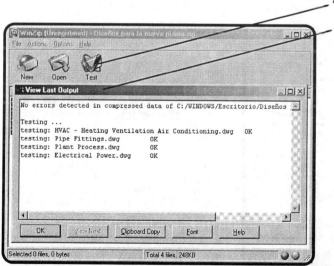

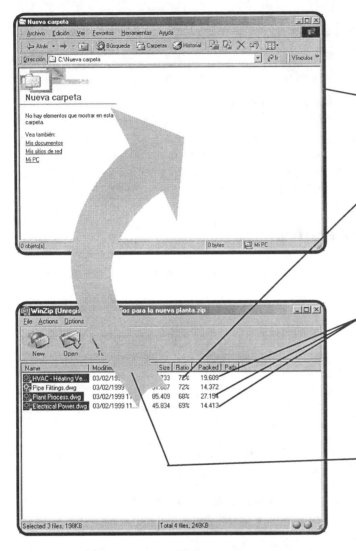

Extraer archivos de un paquete comprimido

1. Creemos una carpeta para recibir los archivos del paquete comprimido, y presentemos la misma en otra ventana de Mi PC.

2. Ubiquemos el archivo comprimido en una ventana de Mi PC y pulsemos **doble clic** sobre el mismo para abrirlo y presentar su contenido del mismo modo que lo hicimos para verificarlo.

3. Seleccionemos los archivos que deseamos extraer.

    Podemos seleccionarlos uno a uno manteniendo la tecla Control o por grupos, con la tecla ⬆

4. Pulsemos sobre cualquiera de las líneas seleccionadas y arrastremos hacia la ventana de Mi PC.

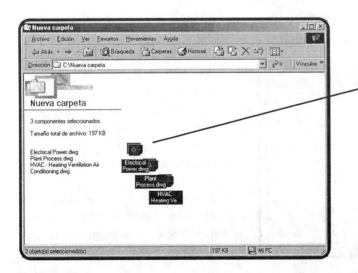

♦   En instantes tendremos los archivos descomprimidos, listos para ser utilizados.

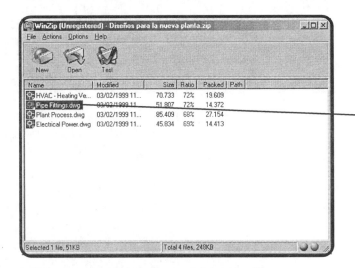

Abrir un archivo comprimido

1. Pulsemos **doble clic** sobre un archivo de la lista.

Winzip copiará el mismo a un archivo temporario y luego llamará al programa que se encuentre asociado (por ejemplo, si es **Doc**, el programa asociado será **Word**) para que lo abra.

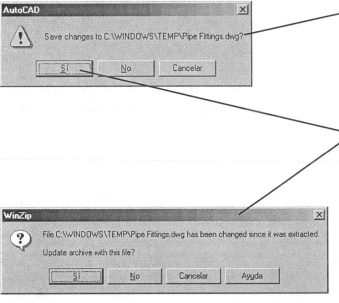

2. Trabajaremos normalmente con el archivo abierto y en el momento de cerrarlo, si lo hubiéramos modificado aparecerá un cartel, referido a un archivo de la carpeta *Temp*.

3. Pulsemos *Sí*, y luego de unos instantes aparecerá este otro cartel.

El mismo nos indica que el archivo temporario que hemos modificado tiene cambios respecto del archivo comprimido (que se encuentra dentro del paquete que abrimos en la primera figura de esta página) y nos pregunta si deseamos por ejemplo actualizar este último.

Si contestamos *Sí*, el archivo comprimido será reemplazado por la nueva versión presente en la carpeta **Temp**.

Si por el contrario, pulsamos *No*, el archivo comprimido (y el paquete en general) permanecerán sin cambios. No obstante tenemos la oportunidad de conservar el archivo temporario (la versión que contiene los cambios), contestando *No* al cartel que vemos a la izquierda.

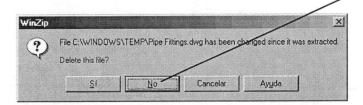

11 *Utilicemos GetRight*

Qué es GetRight

Básicamente, podríamos decir que se trata de un programa específicamente dedicado a la transferencia de archivos pero hay mucho más que decir. Veamos:

Como características salientes del programa podemos mencionar:

- Retoma automáticamente cualquier transferencia que se haya interrumpido por cualquier causa.

- *DownLoads* múltiples y simultáneos con control individual de cada uno de ellos.

- Selección automática del servidor más rápido entre los que ofrece el archivo que estamos bajando.

La figura muestra el panel de control del programa cuando no existe ninguna transferencia en trámite.

Abramos el panel de control

Ya utilizamos este programa en el capítulo anterior para transferir varios programas de utilidad. Ahora seguiremos utilizándolo para el mismo fin pero esta vez controlaremos los *downloads* desde este panel de control.

 1. Pulsemos doble clic sobre el icono **GetRight** para abrirlo.

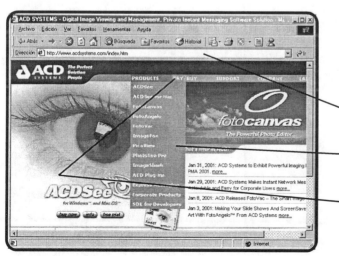

Bajemos AcdSee

Se trata, a nuestro juicio, del más versátil visor de imágenes que pueda conseguirse en la red.

1. **Accedamos al sitio del programa: http://www.acdsystems.com**

2. Observemos la variedad de productos que ofrece la empresa.

3. Pulsemos sobre la opción *Try/Buy* para abrir el menú correspondiente (página siguiente).

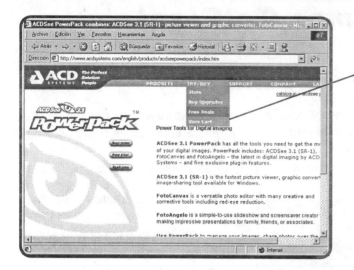

4. De ese menú seleccionemos *Free trials* para acceder a la página de productos de entrega gratuita.

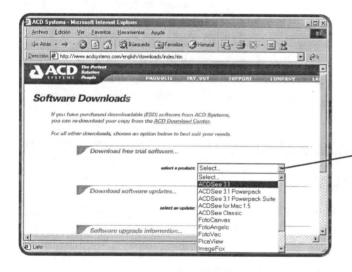

5. Abramos la lista de productos y seleccionemos **AcdSee 3.1** con lo que pasaremos a la página de *download*.

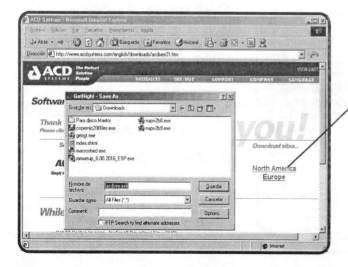

6. Elijamos uno de los dos servidores disponibles y comenzará la descarga.

Como ocurrió en oportunidades anteriores, **GetRight** detecta esta situación y nos pide autorización para guardar el archivo.

7. Pulsemos **Guardar**.

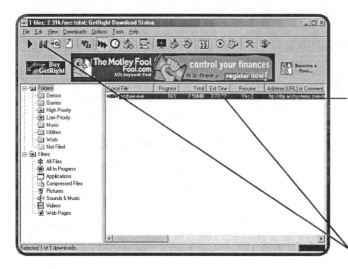

Ahora, además del cuadro individual, que aparecerá para cada descarga, tenemos un control de todos los *downloads* que efectuemos.

◆ Se muestran aquí los datos de una transferencia en particular que son los mismos que ya viéramos en el capítulo anterior en la ventana propia de la transferencia.

Suspender una transferencia

◆ Si por alguna razón debiéramos suspender la transferencia (por ejemplo para permitir que otras transferencias de GetRight u otros programas adquieran una mayor velocidad) podemos pulsar sobre la línea correspondiente para seleccionarla y luego el botón **Pausa**.

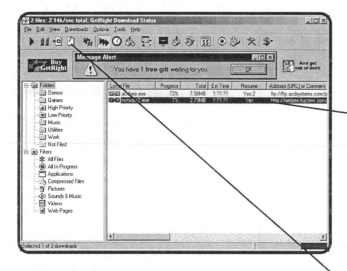

◆ Podemos iniciar otros *download* simultaneamente con el que ya tenemos en curso. El mismo será mostrado del mismo modo que los demás en su propia línea.

Como los *downloads* pueden ser muy largos e incluso hacerse por etapas en distintos días, podemos llegar a olvidar de qué se trataba cada uno de ellos.

◆ Pulsemos aquí, y aparecerá un pequeño cuadro con la dirección del *download* (el último dato del renglón seleccionado). Allí podremos escribir, en lugar de esa dirección, un comentario que identifique más claramente qué archivo estamos bajando.

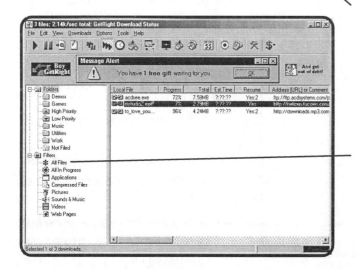

◆ El panel nos muestra actualmente las descargas activas. Si tuviéramos alguna suspendida, pulsemos **All files** para ver todos los archivos. Volvamos a pulsar **All in progress** para ver sólo los que se están transfiriendo.

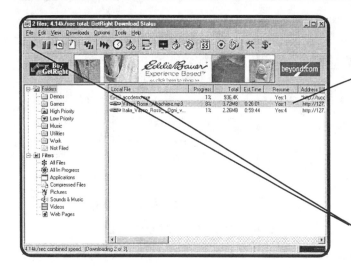

Terminar una transferencia

1. Simplemente pulsaremos sobre la línea para seleccionarla y luego pulsaremos [Supr]

Retomar una transferencia suspendida

1. Pulsaremos sobre la línea correspondiente y luego el botón *Play*.

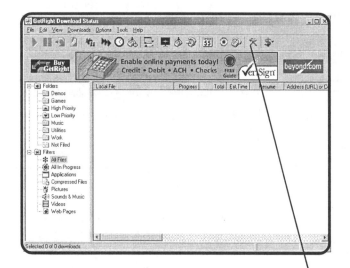

Configurar descargas automáticas

GetRight recuerda todas las transferencias que no se han completado y, sabemos que podemos retomarlas, pero podemos establecer que Get-Right continúe con las transferencias cuando detecte que se encuentra establecida la conexión. De este modo, podemos despreocuparnos y dejar que GetRight se encargue de las transferencias hasta su conclusión.

1. Asegurémonos de no estar conectados.

2. Pulsemos el Tray Icon 🔳 de GetRight (que se encuentra junto al reloj del sistema) para abrir la ventana de control de la figura anterior.

3. Pulsemos el botón *GetRight configuration* para presentar el panel multisolapas de la figura.

4. Pulsemos la solapa *Internet* para presentar el cuadro de la siguiente figura.

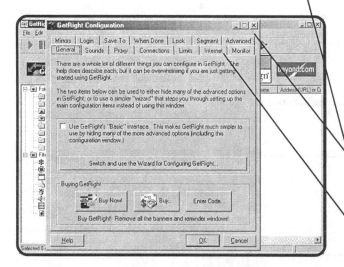

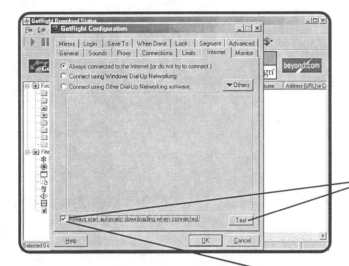

Debemos ahora probar si la opción que activaremos produce la conexión inmediata a Internet. Dependiendo del tipo de modem y del tipo de conexión, puede ser que al activar la opción, GetRight permanezca siempre intentando conectarse; si así fuera no podremos activar la opción de descargas automáticas.

5. Pulsemos el botón **Test** y verifiquemos si se produce la conexión. Si así fuera, dejemos la casilla deshabilitada y pulsemos el botón **OK** para cerrar el cuadro.

♦ Si, en cambio, el modem no se activara al pulsar *Test*, podemos habilitar la casilla y, de ese modo, GetRight retomará todos sus *download* pendientes cuando nos conectemos.

Transferencias más eficientes

♦ Si instalamos la versión 4.5 beta 1 (o alguna posterior) podremos transferir dos o más bloques de un mismo archivo a la vez, reduciéndose así los tiempos de transferencia.

♦ Ahora, en forma automática, GetRight requerirá al servidor que le envíe distintas partes del archivo simultáneamente. La primera figura nos muestra una transferencia particionada en cuatro partes y la segunda una de dos porciones. Al finalizar cualquiera de ellas tendremos el archivo completo.

Una nueva barra debajo de la estándar nos muestra la evolución de la transferencia de las distintas particiones.

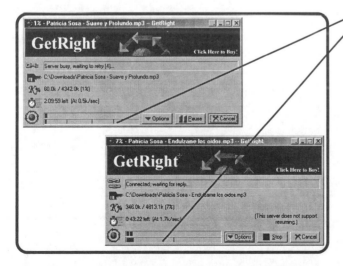

12 Instalemos y utilicemos MusicMatch

Trataremos aquí el uso de MusicMatch JukeBox versión 6.0, un programa líder en su tipo para escuchar y grabar música.

Instalemos el archivo que bajamos

1. Ubiquemos el programa instalador (el archivo **mmsetup_6.00.2016_ESP.exe** que bajáramos en el Capítulo 9) y pulsemos doble clic sobre el mismo para comenzar su ejecución.

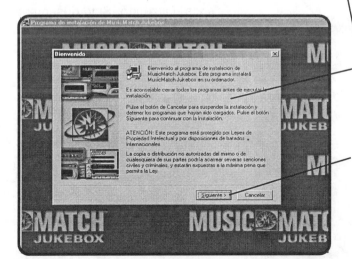

◆ Se presentará una carátula inicial y en instantes aparecerá la primera ventana del asistente de instalación del programa.

2. Luego de leer las consideraciones legales respecto de este programa pulsaremos **Siguiente** para continuar la instalación.

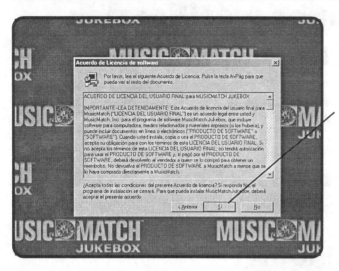

3. Luego de leer el acuerdo de licencia respecto de la instalación de este programa, si estamos de acuerdo, pulsemos **Sí**.

4. Indiquemos nuestra edad y país de residencia. Estos datos son sólo a efectos estadísticos y también para que MusicMatch seleccione el material que enviará si nos suscribimos a alguno de los servicios de información que ofrece.

Se cargarán automáticamente los datos de usuario y e-mail, que el instalador tomará de los registros de instalación de Outlook express o el programa de correo que estemos utilizando. Si lo deseamos podemos modificarlos.

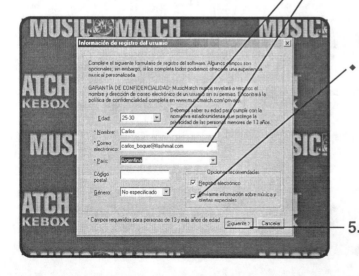

También aparecerá activada la casilla sobre información. La misma dejará indicado que deseamos recibir información sobre cosas tales como actualizaciones del programa, novedades en música y ofertas especiales. Podemos también desactivar esta casilla.

5. Establecidas las opciones que deseamos, pulsemos **Siguiente**.

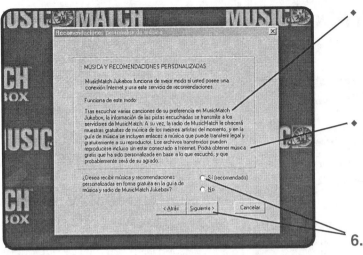

♦ Tal como se explicó, el programa reunirá nuestros datos personales, analizará el tipo de música que escuchamos y nos recomendará en consecuencia.

♦ Se indica asimismo que Music-Match JukeBox nos conectará con sitios en donde podremos obtener música gratuita y legal para copiar e incorporar a nuestra colección.

6. Aceptemos entonces las recomendaciones activando la casilla **Sí** y luego pulsemos **Siguiente**.

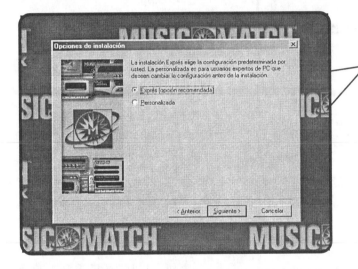

7. Aceptemos ahora el tipo de instalación recomendada (*Express setup*) y pulsemos luego **Siguiente** para iniciar la copia de archivos y configuración del programa.

8. Finalizada la instalación pulsemos **Finalizar** para pasar a la ejecución del programa.

Utilicemos MusicMatch

El programa presentará inicialmente dos ventanas.

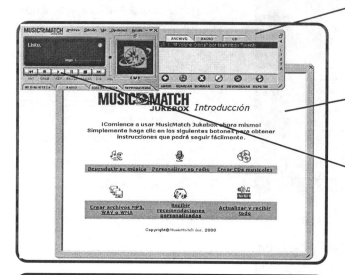

◆ La primera de ellas constituye el panel de trabajo del programa. Allí indicaremos a MusicMatch JukeBox qué es lo que deseamos escuchar.

◆ La segunda ventana contiene un asistente que nos ayudará inicialmente con las operaciones más usuales.

1. Disponemos inicialmente de una demo de música que podemos escuchar; para ello pulsemos **Play**.

 Nota:

Si disponemos de un medio de conexión a Internet, el programa intentará conectarse.

◆ Estando la conexión habilitada, al colocarse un CD de música en el reproductor, éste será reconocido y buscado en la base de datos **CDDB**, propiedad de MusicMatch. Si la grabación es hallada, se presentará una lista de los temas que contiene.

◆ Si, por alguna razón existiera alguna duda o ambigüedad respecto del CD encontrado en la base aparecerá una lista con uno o más ítems.

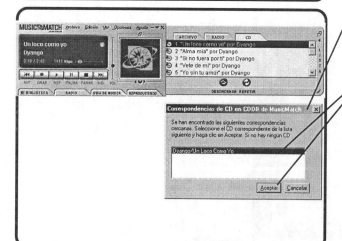

◆ En ese caso seleccionaremos uno de ellos y pulsaremos **Aceptar** para que aparezca la lista correspondiente.

 Nota:

Existiendo una conexión activa el programa se comunicará con el *home site* y nos ofrecerá variada información relativa a música actual, pero veremos eso más adelante.

Grabando los temas del CD

Podemos crear una copia fiel del contenido total o parcial del CD para reproducirla luego en nuestra PC.

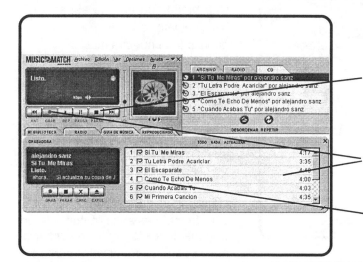

1. Estando el CD colocado, pulsemos *Parar* para asegurarnos que no se encuentre reproduciendo.

2. Pulsemos el botón *Grabar* para abrir el panel mostrado aquí con la lista de los temas del CD.

    ♦ En la lista se muestran activados todos los temas. Si deseáramos que algunos no se graben desactivemos las casillas correspondientes.

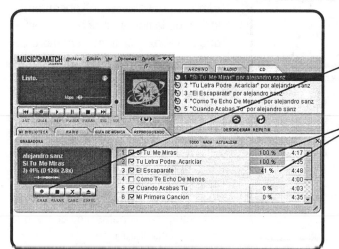

3. Una vez definido lo que vamos a grabar, pulsemos *Grabar* en el panel de grabación.

    ♦ Se indicarán en la lista los temas ya grabados con **100%** y el tema que se encuentra en proceso con el porcentaje correspondiente.

Al terminar el proceso todos los temas seleccionados se encontrarán indicados con el porcentaje **100%** y podremos entonces disponer de los correspondientes archivos **mp3**, que como dijimos son una copia fiel de las pistas del CD grabado.

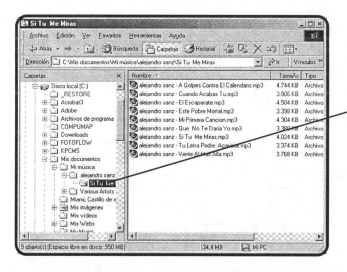

♦ MusicMatch ha creado una carpeta para el intérprete dentro de C:\Mis documentos\Mi música, y dentro de la misma otra nueva carpeta para el álbum.

4. Abramos esa carpeta y tendremos todos los temas para escuchar. Veamos cómo hacerlo.

Creando la biblioteca de música

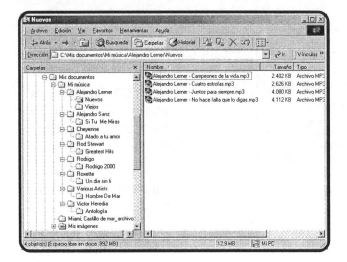

Una biblioteca es una espacie de base de datos en donde podemos organizar toda nuestra música.

Utilizando las capacidades de biblioteca de JukeBox, podemos reunir en una misma lista temas que se encuentran en distintas carpetas o unidades aunque lo recomendable es que estas carpetas se encuentren organizadas utilizando por ejemplo un esquema de *intérprete/álbum* como el que vimos en la página anterior.

Otra forma más sencilla consiste en disponer todos los temas en una misma carpeta, y organizarlos como veremos a continuación. Si observamos la lista de la figura anterior notaremos que Jukebox compone el nombre del archivo en la forma Intérprete-Tema lo que nos permitirá identificar claramente a qué corresponde cada uno de ellos.

Antes de crear nuestra biblbioteca de temas, es conveniente que grabemos del modo que se indicó en la página anterior todos los CD que tengamos a mano, obteniendo de este modo una estructura de carpetas similar a la que vemos en la figura.

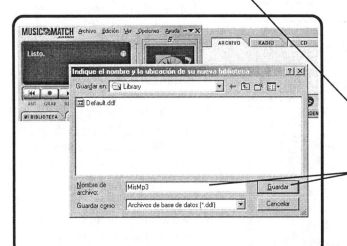

Creemos una nueva biblioteca

1. Seleccionemos **OPCIONES, Biblioteca musical, Nueva biblioteca**.

2. Escribamos un nombre adecuado y pulsemos **Guardar**.

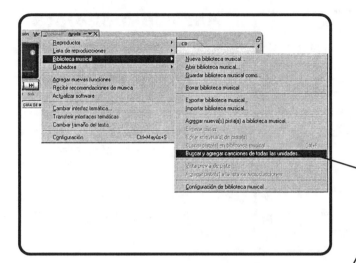

Carguemos los temas en la biblioteca

Ahora, para cargar los temas en la biblioteca hagamos lo siguiente:

3. Seleccionemos *OPCIONES, Biblioteca musical, Buscar y agregar canciones...*

4. Se presentará el cuadro *Buscar música*, donde pulsaremos el botón *Examinar*.

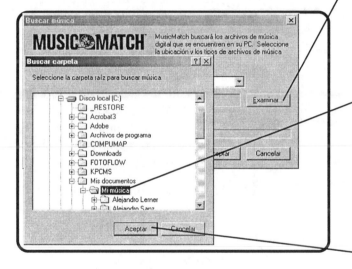

5. Se abrirá la ventana *Buscar carpeta* en donde ubicaremos la carpeta que contiene la música (ya sea en la misma carpeta o en carpetas dependientes de la misma). Pulsaremos sobre esa carpeta de modo que se muestre resaltada en azul.

7. Pulsemos *Aceptar*.

◆ Volvamos al cuadro anterior pero con la carpeta de música indicada.

8. Pulsemos *Aceptar* para iniciar la búsqueda.

Al cabo de la misma tendremos ya todos nuestros temas organizados en la biblioteca de MusicMatch JukeBox, como veremos en la página siguiente.

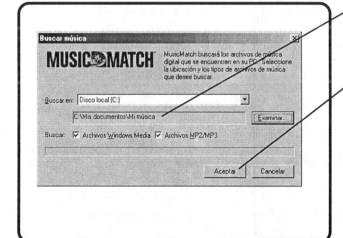

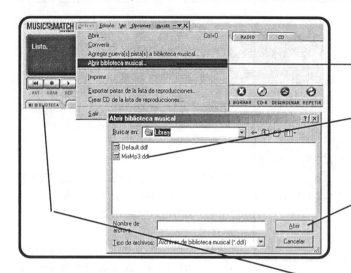

Abrir la biblioteca

1. Activemos el comando **ARCHI-VO, Abrir biblioteca musical**.

2. En el cuadro correspondiente ubiquemos la biblioteca que cargamos en el ejercicio anterior.

3. Pulsemos **Abrir** y la biblioteca quedará asignada al reproductor.

4. Pulsemos ahora la solapa **Biblioteca** para abrir el panel correspondiente.

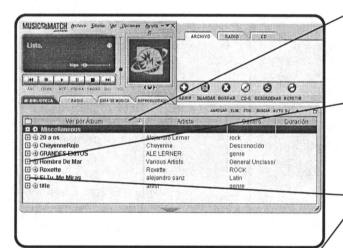

◆ La biblioteca muestra inicialmente los títulos de los álbumes, y cada uno de ellos dispone del correspondiente icono de expansión.

5. Pulsemos sobre algunos de esos iconos y veamos el contenido de los distintos CD.

 Nota:
Podemos pulsar sobre los distintos paneles para separarlos del modo que se muestra en esta última figura.

6. Pulsemos ahora doble clic sobre alguno de los temas y éste se cargará a la lista de reproducción del panel principal de MusicMatch, tal como lo vemos en la página siguiente. Si el panel se encontraba vacío (no hay temas reproduciendo actualmente), el tema elegido comenzará a escucharse.

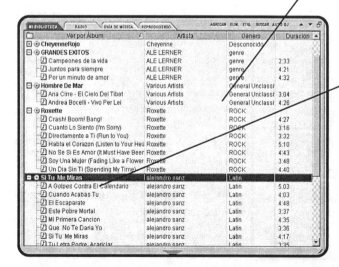

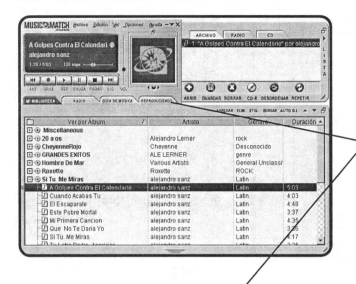

Obteniendo información sobre el tema que escuchamos

1. Pulsemos ahora la solapa *Reproduciendo*, y obtendremos informaciones sobre el álbum, el intérprete, otros temas, etc. relacionadas con el tema que estamos escuchando.

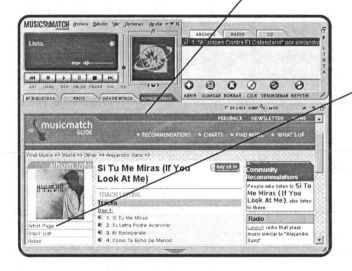

2. Si aparece esta opción, podremos acceder a más información sobre el artista.

◆ Se activará el panel *Guía de música* para mostrarnos más información (si la hubiera) sobre el artista.

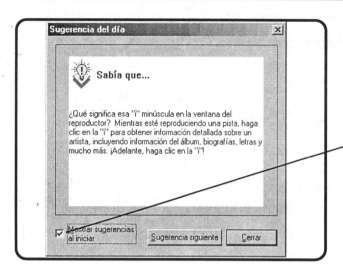

Sugerencias espontáneas

Cuando iniciamos el programa aparecerá una ventana mostrando una sugerencia.

♦ Podemos anular la futura aparición de estas sugerencias desactivando esta casilla.

Pero es aconsejable que la dejemos activa y que aprovechemos esa oportunidad para aprender algo más sobre el programa cada vez que lo iniciamos.

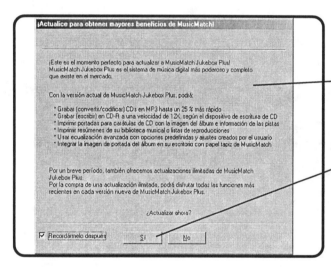

Sugerencia de actualización

♦ En el momento en que cerremos el programa podrá aparecernos una sugerencia de actualización.

♦ Si consideráramos que nuestro programa está desactualizado (versión algo antigua) podemos aprovechar este momento para actualizarla pulsando *Sí*.

De lo contrario pulsaremos *No* y si lo deseáramos, también podríamos desactivar la casilla *Recordármelo después* para que no vuelva a aparecer este aviso. Si más adelante nos decidimos a actualizar la versión del programa utilizaremos el comando *Actualizar Software* del menú *Opciones*.

Crear listas de reproducción

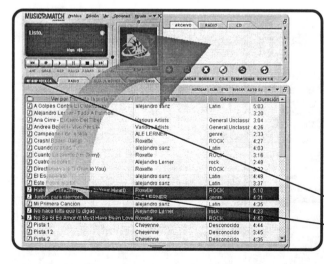

1. Abramos la biblioteca

2. Seleccionemos los temas y llevémoslos.

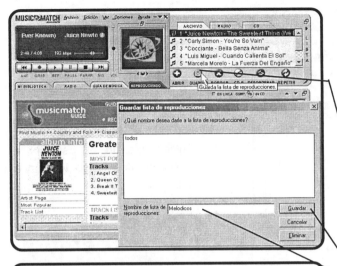

De esa forma tan sencilla hemos creado una lista que comenzará de inmediato a reproducirse.

Guardemos la lista de reproducción

Podremos volver a utilizar esa lista si la guardamos:

1. Estando la lista presente en el panel derecho del reproductor pulsemos el botón **Guardar**. Se abrirá el cuadro de diálogo que vemos en la misma figura..

2. Escribamos un nombre para la lista creada y pulsemos **Guardar**.

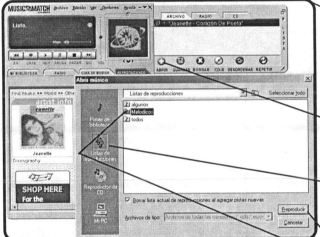

Abramos una lista de reproducción

1. Pulsemos el botón **Abrir** para presentar el cuadro de la presente figura.

2. Pulsemos el botón **Listas de reproducción** que vemos en el panel de la izquierda, para presentar las listas disponibles.

3. Pulsemos sobre alguno de los iconos para seleccionarlo y luego el botón **Reproducir**, para abrir la correspondiente lista y comenzar a escuchar el primer tema.

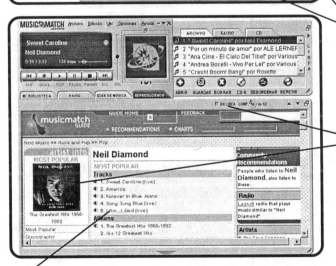

4 Si deseamos información sobre el artista que estamos escuchando podemos acceder a la base de datos de MusicMatch (CDDB) pulsando la casilla **En línea**. Si el intérprete se encuentra registrado se mostrará la foto junto con datos sobre los temas más vendidos y sus álbumes.

5 Podemos escuchar una muestra de los temas allí presentados pulsando sobre alguno de ellos.

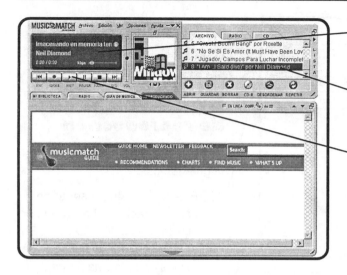

◆ El programa se conectará con la base de datos y comenzará a transferir el tema elegido.

◆ Terminada la transferencia el tema se agregará a la lista de reproducción.

6. Pulsemos sobre el mismo para seleccionarlo y luego activemos el botón **Play** para escucharlo.

Usemos el ecualizador gráfico

Si conectamos la salida de sonido de la PC a un amplificador de audio o a unos buenos auriculares, podemos lograr impresionantes efectos con el ecualizador gráfico de JukeBox.

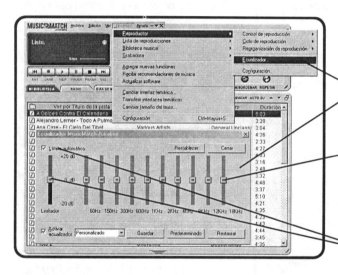

1. Seleccionemos la opción que se muestra en la figura y se presentará la ventana del ecualizador.

2. Pulsemos sobre el deslizador correspondiente a cada banda de frecuencias y deslicemos hacia arriba (énfasis) o hacia abajo (atenuación).

3. Si desactivamos la casilla **Límite automático**, podemos pulsar el primer deslizador y llevarlo hacia arriba para aumentar aún más el efecto, si bien esto puede traer un énfasis exagerado y producir distorsiones notables.

Cambiar el orden en la biblioteca

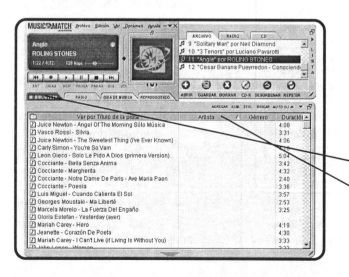

1. Pulsemos la solapa **Biblioteca**.

2. Pulsemos sobre el encabezado de alguna columna, por ejemplo **Artista**. Los temas aparecerán ordenados por esa columna.

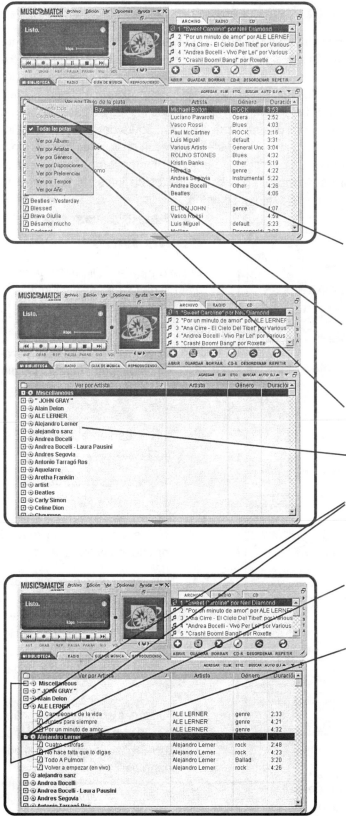

2. Pulsemos nuevamente en el mismo lugar y el orden será por artista, pero descendente. Ahora volvamos a pulsar para volver al orden ascendente.

3. Pulsemos sobre el encabezado de otra columna y la lista se ordenará por ese dato.

Distintas vistas de la biblioteca

1. Pulsemos sobre el icono *Vistas* para presentar los distintos modos en que puede mostrarse la información.

2. Seleccionemos de allí *Todas las pistas* para mostrar del mismo modo a todos los temas cargados en la biblioteca.

3. Abramos nuevamente ese menú y seleccionemos *Ver por artistas*.

♦ Ahora la información se mostrará agrupada.

4. Pulsemos sobre el icono de expansión (+) de los grupos para mostrar su contenido. Cada icono pulsado se transformará en (-).

5. Pulsemos sobre los iconos (-) y el detalle desaparecerá quedando sólo el nombre del artista.

♦ El primer álbum que encontraremos será, seguramente, **Miscellaneous**. En el mismo se agrupan los ítems que tengan el campo "Artista" en blanco.

♦ En el menú de la primera figura de la página podemos elegir *Ver por Albums* para mostrar los temas agrupados por el álbum en el que se encuentran.

Corrijamos errores en la biblioteca

Los archivos MP3 guardan, además de la información de sonido, otros datos referidos al nombre del tema, intérpretes, género, etc. y, según sea el origen del archivo, esos datos podrían ser incorrectos. Al ordenarse la biblioteca por la columna **Artista** en sentido ascendente, aparecerán, lógicamente, en primer término todos aquellos ítems que tengan el campo **Artista** en blanco (si los hubiera). Si abrimos el grupo **Miscellaneous** encontraremos allí todos los temas que carecen de información del *Artista*. Otro error posible es el que muestra la tercera figura de la página anterior en donde dos o más registros contienen en el campo *Artista* nombres ligeramente diferentes por lo que son considerados por el programa como distintos, aunque, como podemos leer en esa figura se trata del mismo artista. Todos estos errores se deben a que los distintos archivos **mp3** no tienen cargada la información correcta en sus campos de datos.

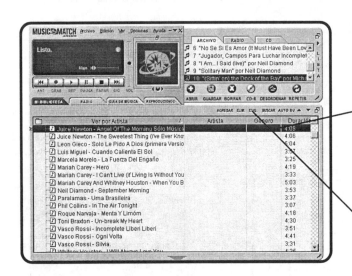

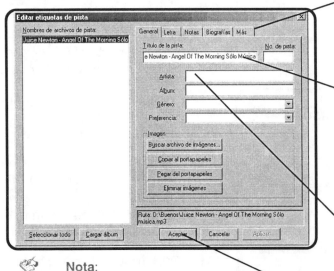

Editemos los datos de un ítem

El caso más sencillo es el de cambiar los datos de un solo tema:

1. Pulsemos sobre una de las líneas para seleccionar un tema. Por ejemplo en este caso editaremos el primer ítem de la figura para colocarle el nombre del artista.

2. Pulsemos sobre la opción **Etiqueta** del menú de la *biblioteca*.

♦ Se presentará un cuadro de diálogo de múltiples solapas en donde podremos modificar todos los datos del archivo **mp3** correspondiente.

3. Pulsemos sobre el campo **Título de la pista** y borremos la parte primera donde se especifica el artista, o mejor seleccionémosla y copiémosla al portapapeles (Control+X) para pegarla luego.

4. Pulsemos ahora sobre el campo **Artista** y peguemos (Control+V) el contenido del portapapeles.

5. Pulsemos **Aceptar** para confirmar el cambio.

Nota:
Lógicamente, en lugar de cortar y pegar podríamos seleccionar el contenido del campo y escribir el texto de reemplazo.

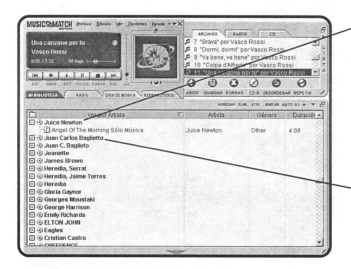

◆ El ítem modificado dejó ahora de pertenecer al grupo **Miscellaneous** para integrarse al grupo de su artista correspondiente. De no existir dicho grupo se creará automáticamente en el momento en que aparezca el primer registro con un nuevo nombre de *Artista*.

◆ Ya que estamos en esta vista, observemos otro error: dos grupos del mismo artista con distintos nombres. Corregiremos ahora este tipo de error que puede involucrar a más de un registro.

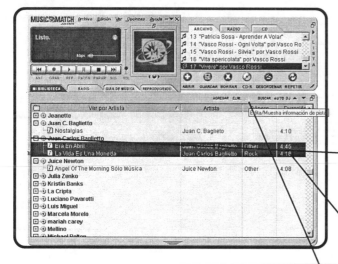

Corregir datos comunes en grupos de registros

1. Pulsando sobre el icono [+] abramos el grupo que contiene los elementos que deseamos corregir.

2. Pulsemos sobre el primero de los elementos, mantengamos pulsado ⬆ y luego pulsemos sobre el último de los que deseamos corregir. Así los seleccionaremos.

3. Pulsemos *Etiq*. para abrir la ventana de edición que ya conocemos.

4. Hagamos lo mismo que en el paso 2 pero ahora con los ítems que aparecen en esta ventana.

◆ Notemos que al hacerlo se presenta, al lado de cada dato, una casilla de selección vacía.

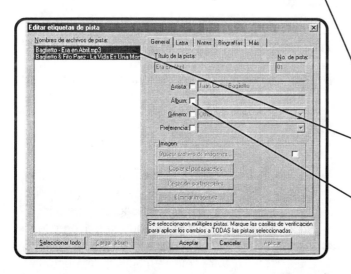

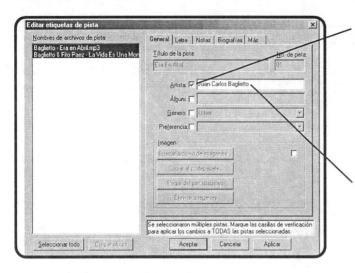

5. Activemos la casilla correspondiente al dato que deseamos modificar por igual para todos los registros seleccionados, en nuestro caso *Artista*.

6. Reemplacemos el contenido de este campo por el mismo nombre que contiene el grupo anterior: **Juan C. Baglietto** y así estos ítems (ver segunda figura de página anterior) se unirán al grupo que se encuentra más arriba.

7. Ordenemos pulsando sobre el encabezado de la columna *Ver por artista* y ...

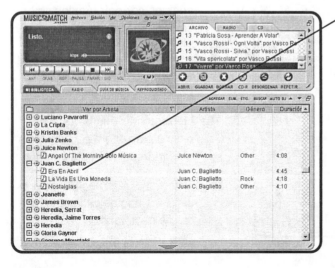

◆ Ahora tenemos los tres temas dentro del mismo grupo.

◆ El grupo anterior, al quedar sin contenido, ha sido eliminado autuomáticamente.

 Nota:
Podríamos haber modificado el ítem del primero de los grupos (escribiendo Juan Carlos Baglietto) para incorporarlo al segundo grupo, pero lo hicimos de este otro modo para mostrar cómo se modifica un grupo.

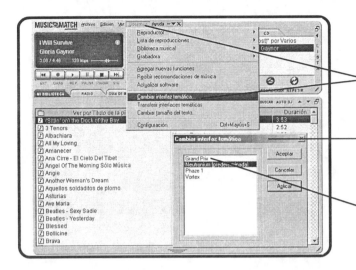

Cambiemos el aspecto de JukeBox

1. Del menú **OPCIONES,** seleccionemos **Cambiar interfaz temática.**

♦ Se presentará un pequeño cuadro de diálogo con una lista de opciones.

2. Seleccionemos alguna de ellas y pulsemos **Aceptar;** en la figura siguiente podemos ver el resultado.

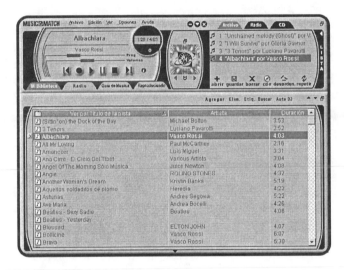

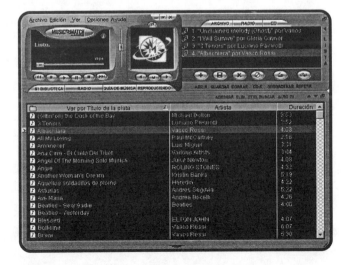

3. Repitamos los pasos 1 y 2 para seleccionar otra interfaz.

13 Busquemos con Copernic y Google

Instalemos Copernic

Como ocurrió con otros programas, luego de efectuar el *download* obtendremos un archivo ejecutable que nos permitirá instalar y poner en estado operativo el programa.

En este caso ejecutaremos el archivo **Copernic2000es**, para instalar la versión en español del programa. Hagámoslo:

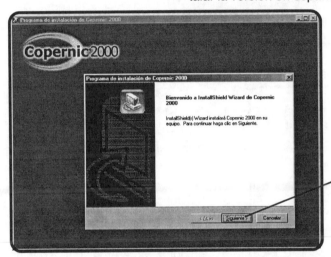

1. Ya sea desde la carpeta C:\Downloads o \para instalar\ (si es que copiamos todos los programas obtenidos a esa última carpeta), ejecutemos el archivo mencionado pulsando doble clic sobre el mismo, para comenzar la instalación del programa.

2. En unos instantes tendremos la primera ventana del asistente que nos guiará en el proceso de instalación. Pulsemos **Siguiente**.

3. Aparecerá seguidamente una pantalla que nos muestra el contrato de licencia para uso del programa, texto que leeremos y, si estamos de acuerdo, pulsaremos **Siguiente**.

4. A continuación la siguiente pantalla nos mostrará un texto informativo que seguramente nos resultará de interés, leámoslo y pulsemos otra vez **Siguiente**.

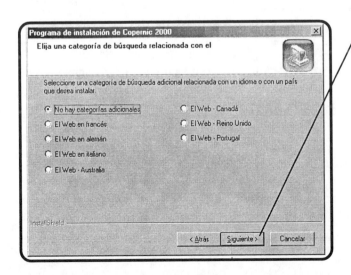

5. Esta pantalla nos permite elegir algún idioma adicional, podemos activar cualquiera de los que se nos ofrecen y luego pulsaremos **Siguiente**.

6. En la siguiente pantalla (no mostrada aquí) podemos elegir una carpeta distinta a la propuesta para instalar el programa o dejar esa misma (opción recomendada); luego pulsemos **Siguiente**.

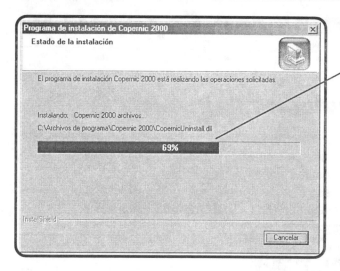

◆ Una barra de progreso nos indicará la evolución del proceso de instalación, y al cabo del mismo un cartel nos informará que la instalación ha concluido y ya estamos en condiciones de utilizar el programa.

7. Pulsemos *Aceptar*.

Configuremos Copernic

1. Por esta primera vez ejecutaremos *Copernic* desde la correspondiente opción del menú *Inicio* (*Inicio, Copernic 2000, Copernic 2000*), para iniciar el proceso de configuración del buscador.

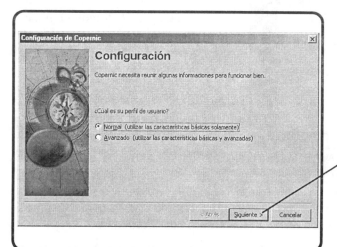

2. Se presentará una primera ventana en donde optaremos por la opción predeterminada, pulsando *Siguiente*.

Se nos pedirán seguidamente ciertos datos informativos.

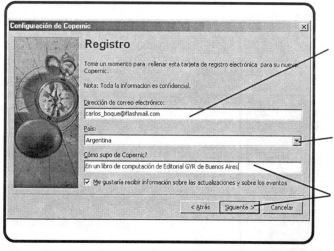

3. Ingresemos nuestra dirección de e-mail (es sólo a los fines de recibir información sobre el programa y sus novedades).

4. Abramos la lista de paises y seleccionemos el de nuestra residencia habitual.

5. Si lo deseamos, incluyamos algún comentario acerca de cómo supimos del programa y luego pulsemos *Siguiente*.

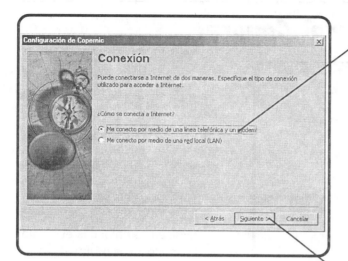

6. Indiquemos qué tipo de conexión utilizamos.

Si nuestra PC se encuentra conectada directamente a la línea telefónica o bien accedemos desde una red local entre sistemas Windows 98 segunda edición o Millennium, optaremos por la primera. En caso de encontrarnos en otro tipo de redes, debemos consultar con el administrador o personal técnico responsable de la red.

7. Elegida la opción pulsemos *Siguiente*.

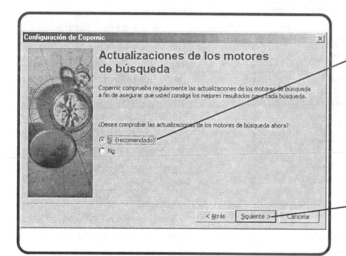

8. Se nos pregunta a continuación si deseamos verificar si la configuración de los motores de búsqueda se encuentra al día, (esta información se actualiza casi a diario, por lo que seleccionaremos la opción recomendada).

9. Pulsaremos *Siguiente*.

Comenzará inmediatamente la actualización. Una barra de progreso nos indicará la evolución del proceso.

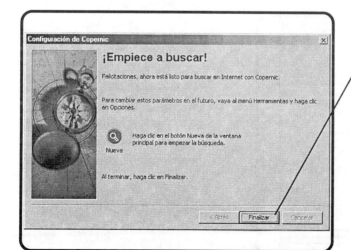

10. Una vez terminado, una última ventana nos indica que estamos ya en condiciones de comenzar a buscar. Pulsemos *Finalizar*.

Utilicemos Copernic

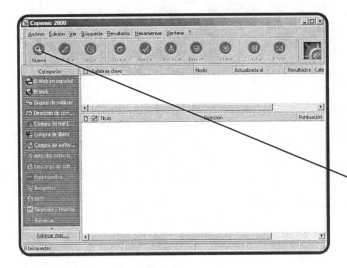

Se presentará la ventana de trabajo de Copernic
Tal como se explicaba en la ventana final del instalador, para iniciar una nueva búsqueda debemos pulsar el botón **Nueva**.

1. Pulsemos entonces ese botón para definir la búsqueda.

♦ Lo primero que debemos determinar es la categoría de la búsqueda. Lá segunda es la más general, y nos servirá para revisar toda la Web. Pero notemos que sólo unas pocas se encuentran habilitadas; el resto se muestran con un aspecto esfumado. Se habilitarán todas ellas cuando adquiramos la versión comercial del programa.

2. Comenzaremos por buscar en toda la Web; pulsemos el primer icono para seleccionarlo y luego **Siguiente**.

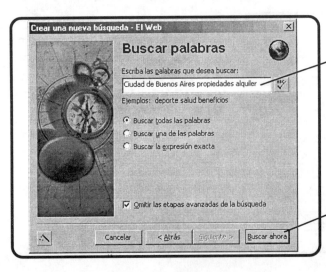

3. Escribamos las palabras que consideremos necesarias para definir la búsqueda. Estando activa la primera de las opciones, el buscador encontrará aquellos ítems en los que se encuentren todas las palabras solicitadas.

4. Pulsemos **Buscar ahora**.

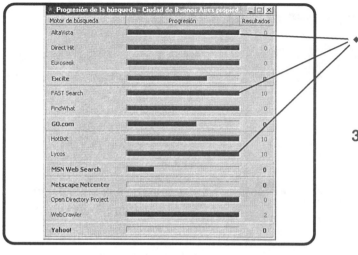

♦ Se presentará una ventana con varias barras de progreso indicándonos la evolución de la búsqueda para cada uno de los motores disponibles.

3. Terminado el proceso un pequeño aviso nos indica que podemos ver los resultados dentro de la ventana de Copernic o bien como una página Web independiente. Pulsemos **Aceptar** para usar el modo predeterminado (en ventana de Copernic).

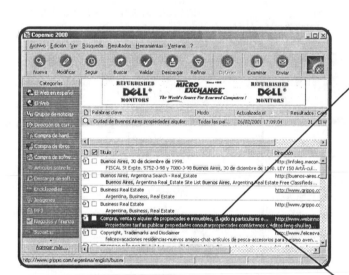

♦ Seguidamente aparecerá una lista con los ítems (páginas web) encontradas. Las mismas contienen dentro de sus textos cada una de las palabras que ingresáramos en la ventana de búsqueda. Según el texto de la búsqueda podrán aparecer, por ejemplo, inmobiliarias que operan On-Line.

4. Pulsemos doble clic sobre alguno de ellos para presentar la página correspondiente.

5. Llegamos a una página en la que podemos navegar por sus distintas opciones y posibilidades.

Otros modos de ver la información

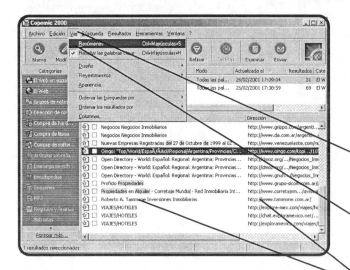

Para revisar rapidamente el resultado de la búsqueda nos resultará más conveniente una vista en donde no se muestren los resúmenes. Estando presente la lista de resultados (segunda figura de la página anterior) hagamos lo siguiente:

1. Abramos el menú **VER**; la primera opción (**Resúmenes**) tendrá su casilla activada.

2. Pulsemos sobre la casilla para desactivarla (deberá mostrarse como en la figura).

♦ Se mostrará la lista con sólo las referencias y las direcciones Web correspondientes.

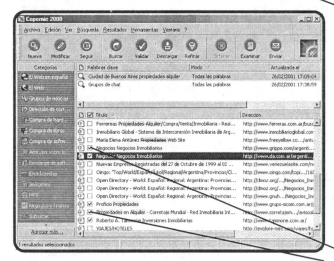

3. Mantengamos pulsadas las teclas ⬆ y Control y luego pulsemos una y otra vez la tecla S para cambiar entre esta vista y el modo anterior.

Agrupemos lo que nos interesa

Lo primero que debemos hacer es marcar de la lista aquellos temas que son de nuestro interés.

1. Pulsemos sobre la casilla correspondiente a esos temas.

♦ Observemos el botón **Examinar**; lo utilizaremos luego.

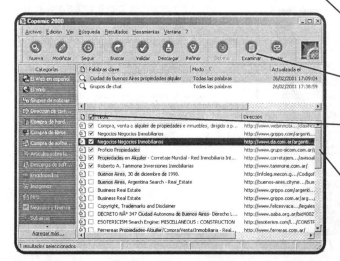

2. Pulsemos sobre la casilla del encabezado para que todos los ítems marcados en el paso 1 aparezcan juntos.

3. Si no vemos a los ítems marcados, deslicemos la lista hacia arriba (o hacia abajo) hasta que aparezcan.

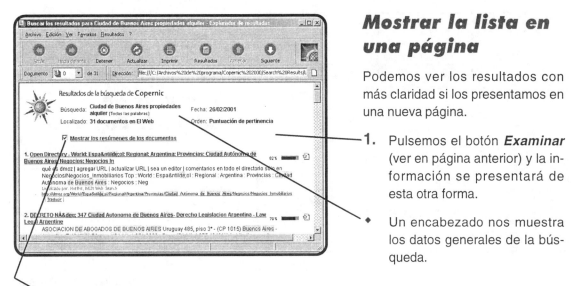

Mostrar la lista en una página

Podemos ver los resultados con más claridad si los presentamos en una nueva página.

1. Pulsemos el botón **Examinar** (ver en página anterior) y la información se presentará de esta otra forma.

♦ Un encabezado nos muestra los datos generales de la búsqueda.

2. Activemos la casilla **Mostrar los resúmenes...** para ver sólo el título de cada ítem.

Refinemos nuestras búsquedas

El modo de búsqueda empleado hasta ahora ha consistido en encontrar las páginas que contengan **cada una de las palabras** buscadas aunque éstas pudieran estar en cualquier parte de la página. Así, si buscáramos "ideas para vivir mejor", podríamos encontrar páginas que traten sobre cualquier otro tema que contengan esas palabras. Páginas sobre historia, geopolítica, religión, empresas, tecnología etc. podrían contener todas esas palabras distribuídas en su texto.

Para encontrar lo que realmente necesitamos debemos, en cada caso, buscar una frase textual. No siempre buscar una frase textual nos llevará a buenos resultados porque basta con que dicha frase se encuentre expresada de otra forma para que la página no sea hallada por los buscadores. En caso de no lograr nuestro cometido debemos intentar nuevamente con pequeños cambios en la frase; siguiendo con nuestro ejemplo podríamos buscar "ideas para una vida mejor" o "cómo vivir mejor" o cambiando un poco más la frase "por una mejor convivencia", o cualquier otra frase que exprese ideas afines. Si bien es algo trabajoso, podremos esperar resultados mejores con frases exactas que con las palabras sueltas.

1. Pulsemos sobre **El WEB en español** para definir dónde buscaremos y luego escribamos la frase en el cuadro de diálogo

2. Activemos la casilla **Buscar la expresión exacta**, y pulsemos **Buscar ahora**, para activar los motores de búsqueda disponibles.

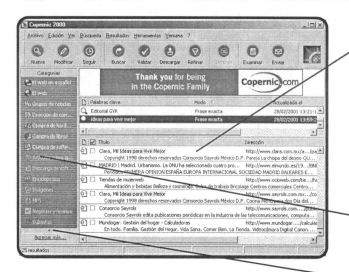

◆ En unos instantes se presentará la información buscada.

Ventajas de adquirir Copernic

Vimos sólo una pequeña parte del programa; Copernic nos ofrece mucho más.

◆ Las opciones que se muestran debajo de **Compra de software** se encuentran deshabilitadas.

◆ Avancemos la lista hacia abajo para ver más opciones (también inhabilitadas).

Si en la última figura de la página anterior abriéramos la lista que se encuentra abajo, podríamos acceder a distintos métodos automatizados de búsqueda como **Refinar la búsqueda** pero estos se encuentran también inhabilitados.

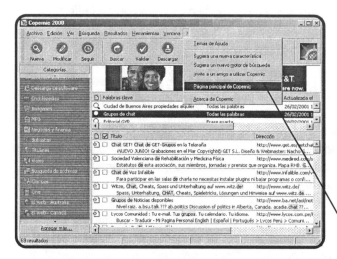

Para habilitar todo esto y mucho más podemos abrir la página principal de Copernic:

◆ Seleccionemos la opción de la figura para abrir la página principal de Copernic.

◆ Alli vemos tres opciones; la versión gratuita, que es la que hemos utilizado ya.

◆ Copernic 2000 Plus, y

◆ Copernic 2000 Pro.

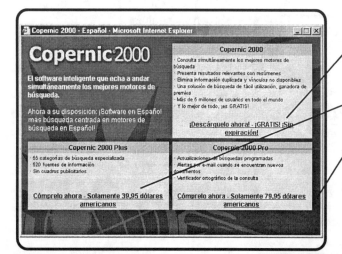

Al seleccionar cualquiera de estas dos últimas, pasaremos a otra página en la que podremos elegir una de las tarjetas de crédito para ingresar nuestros datos y así efectivizar la compra.

Busquemos con Google

Se trata de un buscador temático muy eficiente que se caracteriza por ser rápido y muy práctico.

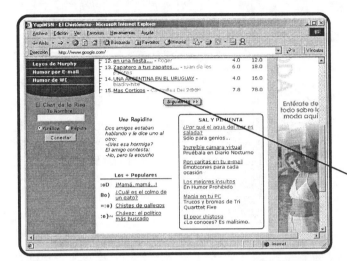

Nos asombrará por sobre todas las cosas su velocidad de respuesta. Esto se debe a que, a diferencia de Copernic, el servidor Google guarda gran cantidad de información, que es entregada instantáneamente al usuario.

No es necesario instalarlo

1. En el campo de direcciones del Explorador escribamos la dirección del sitio:
   http://www.google.com

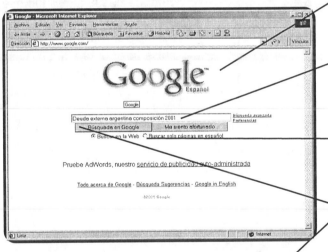

♦ Se presentará directamente la ventana en donde iniciaremos las búsquedas.

2. En este campo escribirá las palabras que representen lo mejor posible el tema que desea encontrar.

3. Si deseamos buscar entre páginas en español activemos esta casilla.

4. Pulsemos el botón **Búsqueda en Google**, y en muy poco tiempo tendremos las respuestas.

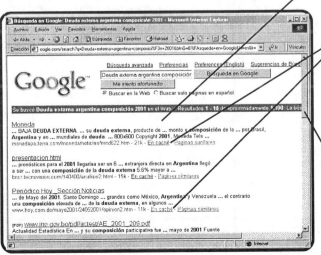

♦ En muchos casos aparecerá la frase En caché y esto significa que la información correspondiente se encuentra almacenada en el servidor obteniéndose en ese caso una respuesta instantánea.

5. Las respuestas encontradas son, por lo general, numerosas; podemos desplazar hacia abajo para ver más títulos.

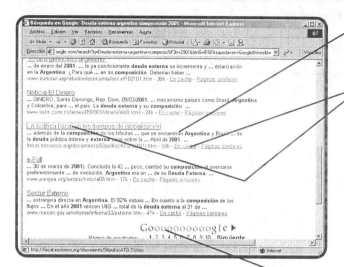

- El texto se ve recortado con el fin de mostrarnos allí las palabras que buscamos.

6. Pulsemos sobre el hipervínculo <u>En caché</u> o en su defecto, sobre el título del apartado para acceder a la información correspondiente.

A diferencia de Copernic en el que la información se presenta muchas veces de manera jerárquica (temas, subtemas, etc.) aquí, como vemos, se muestra una larga lista de ítems.

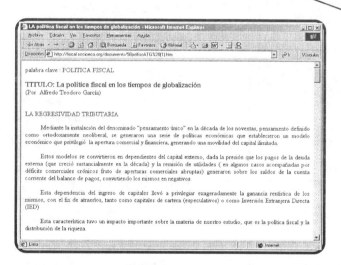

7. Si en la presente página no encontráramos el tema que buscamos, al llegar al final de la misma veremos este gráfico; pulsemos sobre alguna de las letras «O» para acceder a las siguientes páginas con más temas encontrados.

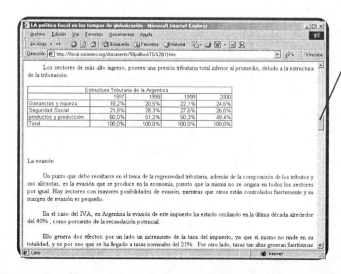

- La información puede provenir de artículos periodísticos, libros, etc. y por lo general es muy extensa.

14 Compartamos información con WinMX

Qué es WinMX

Se trata de un servidor en donde podemos buscar temas musicales digitalizados en el formato mp3, videos tipo mpeg e imágenes en diversos formatos y una vez encontrados copiarlos a nuestra PC para poder utilizarlos.

Cuando ingresamos al programa éste nos pide que indiquemos (no es obligatorio) si tenemos archivos de música digitalizada para compartir; al hacerlo se inicia un proceso de revisión de la/s carpeta/s que hemos señalado al programa para transferir los títulos de esos archivos a la base de datos de WInMX.

Con esa información más la misma proveniente de otros 5000 a 10000 usuarios que se encuentran en ese momento conectados con esta base de datos disponemos de un cúmulo de música videos e imágenes realmente importante.

El segundo paso de nuestra conexión es buscar en la base de datos aquél o aquellos temas, cantantes, orquestas, videos o imágenes que deseamos entre los 1.000.000 a 1.800.000 archivos disponibles en ese momento. En instantes tendremos como respuesta una lista de aquellos registros que cumplan con los datos solicitados.

Por último, indicaremos en esa lista cuál o cuales de los temas deseamos tomar y comenzará el proceso de transferencia que terminará (si no se produce ninguna interrupción), con la copia completa de los archivos solicitados, los que luego podremos escucharlos desde nuestra PC o transferirlos a un reproductor portatil de música mp3 para oirlos en cualquier lugar que nos encontremos. En caso de que se interrumpa la transmisión por algun motivo es posible retomarla para continuar la transferencia.

Instalemos WinMX

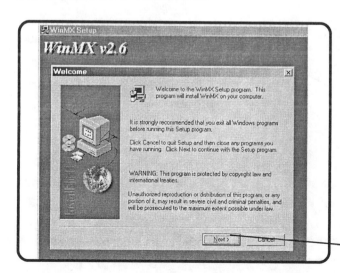

Concluido el **Download** de WinMX que efectuáramos en el Capítulo 9, tendremos en el escritorio (o en la carpeta Downloads si lo bajamos con **Get-Right**) el icono que nos permitirá la instalación del programa.

1. Pulsemos doble clic sobre el icono del archivo recibido para comenzar la instalación del programa.

Aguardemos hasta que finalice el proceso inicial, momento en el que se presentará la primera ventana del asistente de instalación.

2. Pulsemos **Next**.

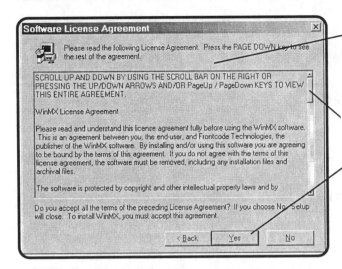

En la siguiente ventana podremos leer el contrato de licencia referido al uso del programa (como ocurre en otros casos).

3. Accionemos el deslizador para leer la totalidad del texto.

4. Hecho esto pulsemos **Yes** para continuar.

5. La siguiente pantalla (no mostrada aquí) nos propone como lugar para instalar al programa la carpeta **C:\Archivos de programa\WinMx** Pulsemos **Next** para aceptar lo propuesto.

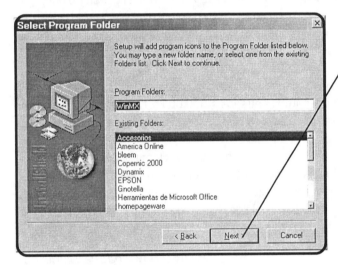

6. Se nos consulta ahora sobre el menú en donde se ubicará el programa. El lugar predeterminado es el grupo **WinMX** (grupo creado por este instalador dentro del menú **INICIO, Programas**) pulsemos **Next** para aceptar.

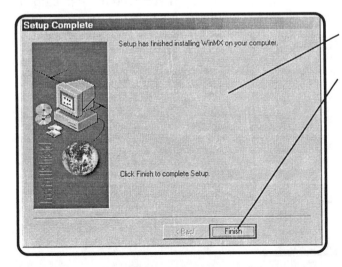

7. Una última ventana nos indica que la instalación ha concluído.

8. Pulsemos **Finish para concluir el proceso**.

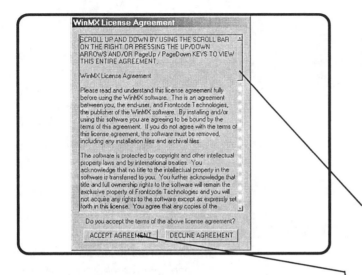

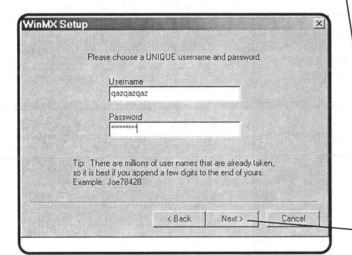

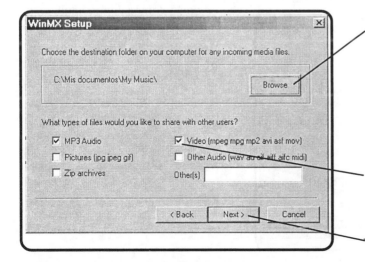

Iniciemos WinMX por primera vez

1. Seleccionemos la opción *INICIO, Programas, WinMX*. Al hacerlo se presentará a la derecha el icono del programa

   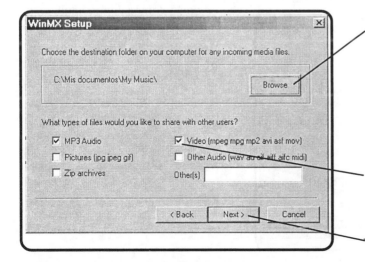 Pulsémoslo para iniciarlo.

2. Por ser la primera vez se presentará una ventana en donde se nos muestra el contrato de licencia. Pulsemos sobre la barra de desplazamiento y arrastremos hacia abajo para leerlo por completo. Se trata de una exigencia del responsable para asegurarse de que quien utilice el programa haya leido el contrato en su totalidad.

4. Pulsemos *Accept agreement* para presentar una ventana de bienvenida (no mostrada aquí) en la que pulsaremos el botón *Next* para continuar.

5. En la siguiente ventana ingresemos una identificación y un password que podamos recordar y luego pulsemos *Next*.

6. Debemos indicar aquí en qué carpeta se colocarán los archivos que bajemos de la web, la carpeta propuesta es **C:\Mis documentos\My music**. Si deseamos asignar otra carpeta pulsemos el botón *Browse* y seleccionémosla.

7. Activemos las casillas de aquellos tipos de archivos que deseamos compartir.

8. Pulsemos *Next*.

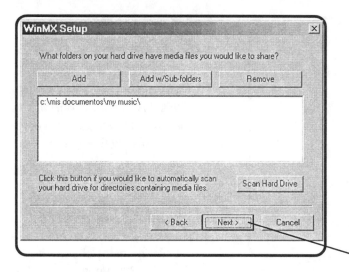

En el siguiente cuadro del asistente debemos indicar en qué carpeta/s se encuentran los archivos que deseamos compartir; si no tenemos ninguno, dejemos la carpeta predeterminada, que es la misma que indicáramos en el paso anterior. De este modo estaremos compartiendo automáticamente cada nuevo archivo que bajamos.

9. Siendo así pulsemos *Next* para aceptar la carpeta predeterminada.

Seguidamente debemos indicar la velocidad de nuestro modem y es conveniente que lo hagamos correctamente para que otros usuarios conozcan a qué velocidad se transferirá lo que provenga de nuestra PC.

10. Activemos la casilla que corresponda y pulsemos *Next*.

Este nuevo cuadro se refiere al modo en que estamos conectados. La primera casilla (que se encuentra activa de manera predeterminada) corresponde a una conexión normal directa desde nuestra PC a la línea. La segunda, en cambio corresponde a una conexión mediante un servidor Proxi o a través de otra PC de la red local que tiene la conexión con internet.

11. Activemos la casilla que corresponda y pulsemos *Next*.

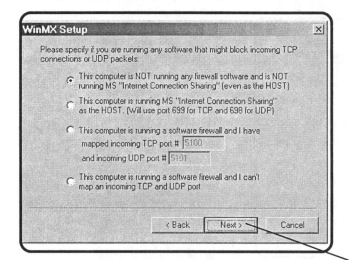

Otra especificación técnica referida al modo de conexión de nuestra PC a Internet. En este caso, también la primera casilla corresponde a una conexión normal de la PC en forma directa a la WEB (a través de un módem o el dispositivo que corresponda para otro tipo de conexión como ADSL, T1, etc.).

12. Si nuestra conexión es directa dejemos la predeterminada, de lo contrario activemos la que corresponda.

13. Pulsemos **Next**.

Se presentan a continuación los parámetros referidos al modo de visualización de WinMX. El sector superior corresponde al color de fondo que puede ser blanco (predeterminado) o negro. El sector inferior al modo de ventana (todo en una única ventana (predeterminada) o una ventana para cada función (modo antiguo de trabajo del programa).

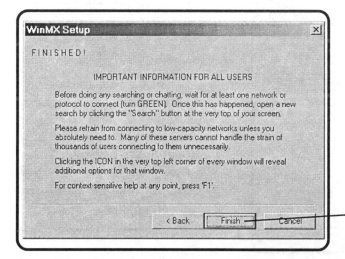

14. Dejemos los seteos predeterminados y pulsemos **Next**.

Esta ventana es sólo informativa; en la misma se nos indica que para que pueda transferirse información debe haber en el panel correspondiente a los servidores de conexión por lo menos uno de ellos indicado con letras verdes. Esto significa que se encuentra en modo activo y listo para efectuar transferencias.

Si no apareciera ningún servidor en esas condiciones debemos esperar hasta que la búsqueda del programa encuentre un servidor adecuado.

15. Pulsemos **Finish**, para iniciar el programa.

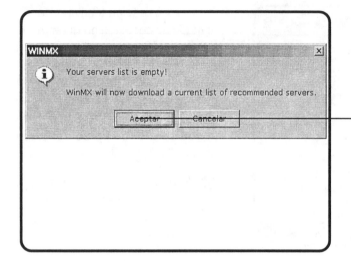

Aparecerá un primer aviso que nos indica que actualmente la lista de servidores se encuentra vacía.

16. Pulsemos **Aceptar** para iniciar la búsqueda de servidores.

Concluída la búsqueda se mostrará una lista de los servidores y como pudimos leer en un cuadro anterior, es necesario que se muestre alguno de ellos en color verde.

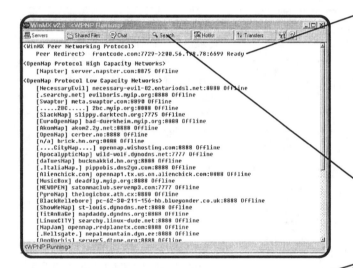

♦ Por lo general encontraremos en esas condiciones al primero de la lista acompañado también de la leyenda **Ready**: lo que significa que estamos en condiciones de comenzar a cokçmpartir nuestros archivos y a bajar lo que otros tengan en estas mismas condiciones.

17. Pulsemos la solapa **Search** para indicar nuestra primera búsqueda.

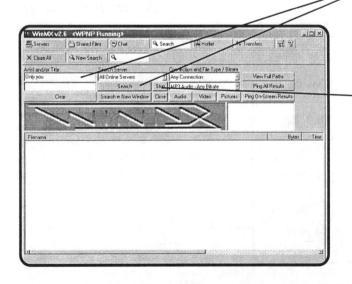

18. Escribamos lo que recordemos del tema o del intérprete y luego pulsemos el botón **Search**. Es indistinto el uso de cualquiera de los dos campos.

19. Si el proceso pareciera no terminar esto se debe a que son demasiados los usuarios que comparten algún archivo con la característica buscada. En ese caso pulsemos el botón **Stop** para detener la búsqueda y quedarnos con los archivos encontrados hasta el momento.

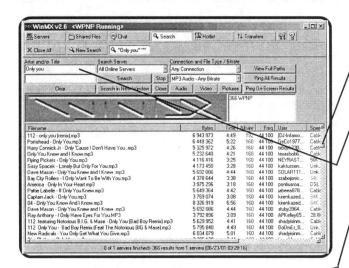

◆ Observemos la lista; accionemos la barra de desplazamiento
para ver todo su contenido.

◆ Es probable que además de lo
buscados aparezcan otros nombres.

◆ En ese caso podemos refinar la
búsqueda, es decir escribir más
datos en este campo y volver a
pulsar el botón **Search** para que
la nueva búsqueda sea más es-
pecífica, tal como lo muestra la
siguiente figura.

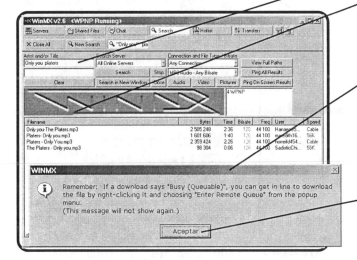

20 Una vez encontrado el tema a
bajar pulsemos **doble clic** sobre el mismo para comenzar la
transferencia.

◆ La primera vez que hagamos
esta operación aparecerá un cartel de advertencia indicándonos
sobre una de las situaciones que
pueden presentarse en la descarga de archivos.

21 Leámoslo con atención ya que
no volverá a presentarse y luego
pulsemos **Aceptar**.

22. Se presentará el panel **Transfer**, si no fuera así pulsemos la
solapa del mismo nombre para
observar la evolución de la transferencia.

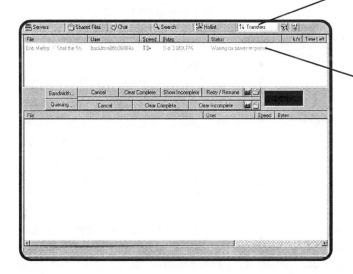

◆ Se presentará un primer mensaje indicándonos que nos encontramos a la espera de respuesta
del servidor elegido (*Waiting for
server response*). Esta espera
podrá prolongarse algo más de
un minuto, al cabo del cual, el
texto anterior cambiará por *Waiting for incoming connection*,
después *Connecting* y luego...

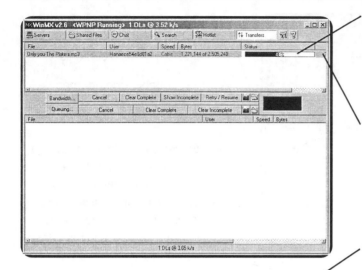

◆ Cuando se inicie la transferencia, el texto de la línea cambiará a color verde y una barra con porcentaje nos indica cuánto se copió ya y cuanto falta para terminar.

◆ También, en la columna que sigue (*Time left*) se indica el tiempo que falta (de mantenerse las actuales condiciones) para que complete la transferencia del archivo.

◆ Concluída la transferencia el texto pasará a color azul y la barra de porcentane será reemplazada por la palabra **Complete**.

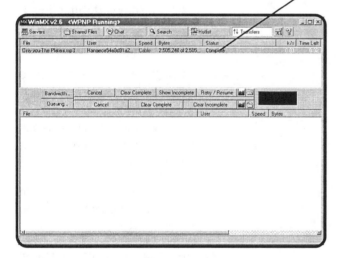

Utilizando un modem de 56k, la transferencia de un tema musical de 3 minutos demandará un tiempo entre 10 y 15 minutos.

No siempre comienza la transferencia

Como dijéramos anteriormente, se trata de un sistema al que distintos usuarios concurren voluntariamente y por lo tanto podría ocurir que la transferencia sea por el momento imposible.

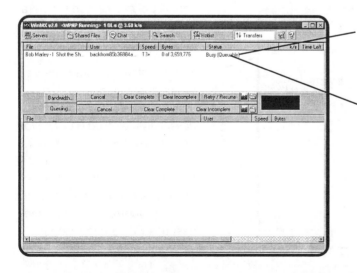

◆ Esto se indicará con el cambio del texto a color bordó y la aparición de una explicación en la columna **Status**.

◆ La casua más común es que el servidor se encuentre demasiado ocupado (transfiriendo muchos archivos a la vez) pero también nos dice *Queuable* lo que nos indica que podríamos colocarlo en una cola, a la espera de que nos llegue el turno de iniciar la transferencia.

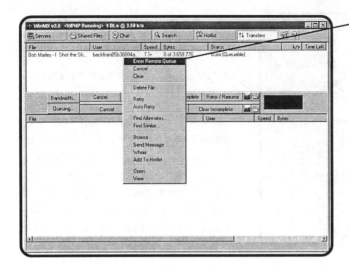

◆ Pulsemos sobre la línea con el botón derecho del mouse y del menú contextual seleccionemos la opción **Enter remote queue**.

La solicitud de transferencia pasará a color naranja y en el indicador **Status** mostrará *Remotely queued nn* siendo **nn** el número de orden en la cola de espera. De esta forma, el pedido quedará en una cola de espera en el servidor hasta que llegue nuestro turno.

Se excedieron los tiempos

Puede ocurrir también que el servidor elegido se demore mucho en responder, más allá del tiempo máximo estipulado por nuestro programa.

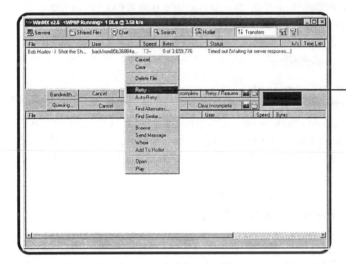

◆ En ese caso podemos pulsar sobre la línea correspondiente con el *botón derecho* y del menú contextual elegir **Retry**, para que vuelva a intentarse la conexión.

La transferencia se interrumpió

Nos ocurrirá frecuentemente también que estando la transferencia en curso (primera figura de la página anterior), esta se interrumpa porque se presente un error de transmisión o bien porque el servidor se desconectó.

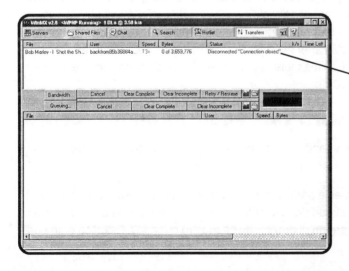

◆ Dicha situación será indicada también en la columna **Status** para la línea correspondiente.

En el primer caso podremos intentar continuar la transferencia como veremos enseguida. En el caso de desconexión, en cambio, no tiene sentido reintentar; volvamos a buscar el tema (en el panel **Search**) e intentemos la transferencia desde otro servidor.

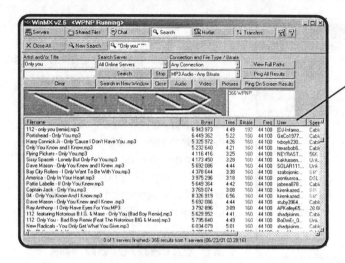

Observemos los datos de las columnas

◆ Volviendo a la pantalla de la búsqudeda observemos sus columnas:

Filename Un identificador único en donde se especifica el nombre del tema o video, el autor, intérpretes, etc. Debemos tener en cuenta que por tratarse de un servicio de intercambio libre, cada uno coloca aquí lo que desea para identificar mejor cuál es el contenido del archivo.

Bytes El tamaño del archivo a transferir en bytes. Debemos evaluar esta cifra conjuntamente con la de la columna **Bitrate** que veremos enseguida. Tengamos en cuenta que a mayor cantidad de *Bytes*, mayor será el tiempo necesario para transferir el archivo correspondiente y mayor será también el lugar ocupado por el mismo.

Time La duración del tema en minutos y segundos.

Bitrate La cantidad de bits que se utilizan para codificar un segundo de sonido y de este valor depende la calidad o fidelidad del sonido codificado. A criterio del autor, la calidad **Bitrate = 128** (para archivos **mp3**, de música) es óptima ya que es equivalente (o algo mejor aún) a la de un CD. En la gran mayoría de los casos no mejora la calidad de sonido con *Bitrates* mayores que 128 y en cambio nos costará mucho más tiempo de transferencia y ocupará un lugar considerablemente mayor en nuestro disco.

Freq Es la cantidad de veces por segundo en que es tomado el estado de la señal original de audio para convertirla en datos digitales; **44100 hz** es un valor estándar ampliamente utilizado.

User Es la clave con la que se identificó el usuario que está compartiendo ese archivo.

Speed Se refiere al medio de conexión del servidor. Los tipos de conexión más veloces se especifican con su propio nombre: **T1**, **T2**, **T3**, se refiere a conexiones telefónicas dedicadas a transmisión de datos, **Cable** a la conexión mediante el servicio de *video cable y **DSL*** (*asimetric data set line*) es un servicio que comparte la línea telefónica para voz (teléfono normal) y datos, utilizando para ello filtros especiales que nos permiten utilizar el teléfono normal mientras se transfieren datos por la línea a velocidades de hasta 512 KB. Las más lentas corresponden a las conexiones telefónicas mediante módem que varían entre 14 y 56 Kb.

Ordenemos los datos para conseguir la mejor fuente

Si en la ventana **Search** pulsamos sobre el encabezado de una de las columnas, los registros (renglones) se ordenarán según esos datos.

◆ Por ejemplo, la figura que vemos en esta página muestra en la columna **Speed** distintos tipo de conexión. Pulsemos sobre el encabezado de esta columna y ordenaremos los usuarios prestadores de acuerdo con su velocidad según el orden que se mostró cuando se explicó este parámetro; así nos resultará fácil elegir el más rápido.

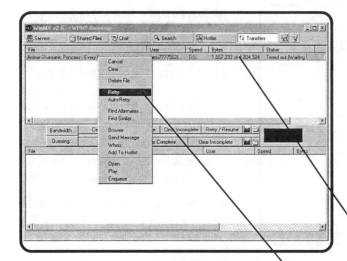

Si se interrumpe, retomemos

WinMx nos permite retomar un proceso que se ha interrumpido. Lógicamente si el usuario servidor se ha desconectado, para continuar la transferencia deberíamos esperar a que éste se vuelva a conectar.

Por lo general intentaremos la retoma en caso de que el proceso se haya interrumpido debido a un error en la transmisión.

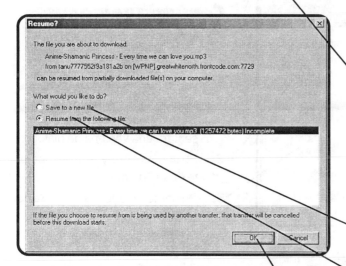

◆ Observemos la columna **Bytes**, allí se indica **nnnn of nnnn** para referirse con la primera cifra a los bytes ya transferidos y con la segunda al total de bytes que contiene ese archivo.

◆ Pulsemos con el botón derecho sobre la línea correspondiente a la transferencia interrumpida y del menú contextual seleccionemos **Retry**.

Se presentará una nueva ventana con dos alternativas:

◆ Comenzar desde cero en un archivo nuevo.

◆ Seguir con el mismo archivo

En el primer caso, la transferencia continuará en el punto en que se interrumpió y en la mayoría de los casos el empalme es perfecto. Y en el segundo comenzaremos desde cero gramando a un nuevo archivo.

◆ Seleccionemos la primera alternativa y pulsemos luego **Ok** para continuar la transferencia.

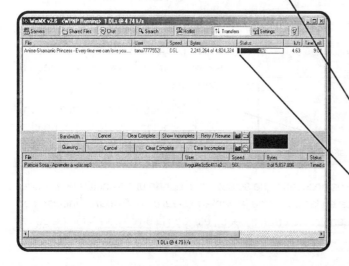

◆ Notaremos que el porcentaje y la cantidad de bytes transferidos comienzan en donde se había interrumpido.

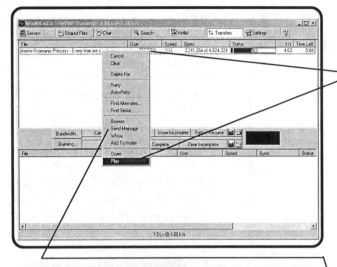

Mientras copiamos, escuchemos

1. En el panel de transferencias, pulsemos sobre el archivo con el botón derecho y seleccionemos *Play*. Se iniciará el programa que se encuentre asociado con el tipo de archivo elegido y escucharemos el tema (la parte ya copiada hasta el momento).

Esto no funcionará si lo que se está transfiriendo es un video **mpg**. En ese caso debemos esperar a que concluya.

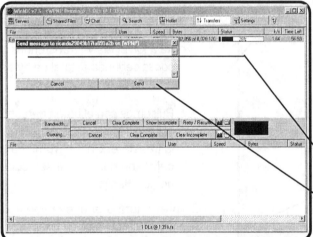

Comuniquémonos con otros usuarios

1. Pulsemos con el botón derecho sobre alguno de los temas que estamos transfirirndo y seleccionemos *Send message*. Se presentará una ventana de diálogo

2. Pulsemos aquí y escribamos el texto del mensaje.

3. Pulsemos luego el botón *Send* para enviarlo al usuario del que estamos transfiriendo.

El destinataro de nuestro mensaje recibirá un aviso en su escritorio:

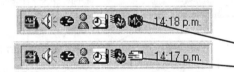

- El icono WinMX
- Se transformará en un sobre titilante.

Pulsemos doble clic en ese sobre y se abrirá un cuadro mostrándonos el mensaje.

- Podemos abrir otro cuadro (página siguiente) para iniciar un chat con ese usuario pulsando el botón *Chat*.

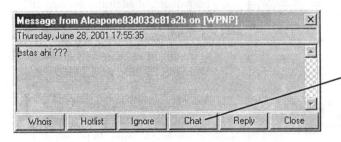

Para comunicarnos con otros usuarios no es necesario que se esté efectuando una transferencia, podemos hacerlo con cualquiera que aparezca en las líneas de la ventana *Search* o *Transfer* incluso con aquellos en los que se nos presentó un mensaje de error, timeout, etc. con la única condición de que al momento se encuentre conectado.

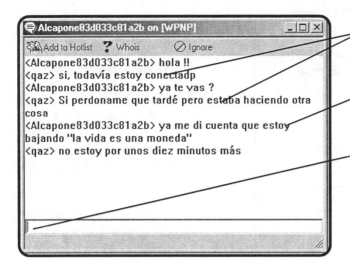

♦ El texto que escribamos en la línea inferior pasará al sector superior en color azul.

♦ Las respuesta del usuario (si contesta) aparecerán intercaladas en color negro.

4. Escribamos nuestra respuesta y aquí y pulsemos `Enter ↵`

5. Así, si seguimos escribiendo podemos mantener una conversación (chat) mientras estamos copiando archivos.

Ver la lista de usuarios con los que iniciamos diálogos

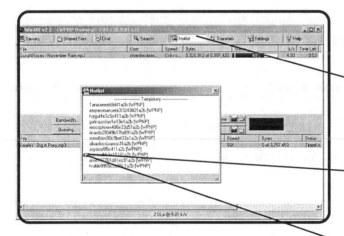

1. Pulsemos **Hotlist** y aparecerá una lista de todos los usuarios con los que nos comunicamos en algún momento de la presente sesión.

♦ Si algún usuario nos está enviando mensajes aparecerá un pequeño sobre junto a su nombre.

2. Pulsemos doble clic sobre el mismo y se abrirá un cuadro con el mensaje recibido.

Ver los archivos de un usuario

Una vez que ubicamos el tema en la lista del panel *Search*, o cuando estamos transfiriendo en el panel *Transfer*, podemos ver qué otros temas tiene disponibles un usuatio determinado.

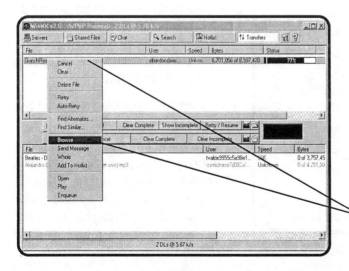

1. Pulsemos con el **botón derecho** sobre la línea y seleccionemos **Browse**.

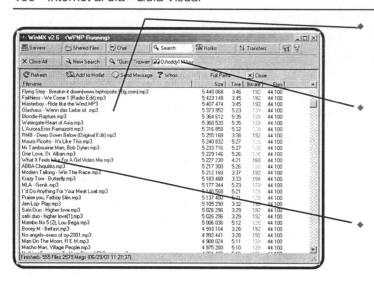

Se activará un nuevo panel, similar al de *Search donde* se mostrará la lista de temas compartidos por ese usuario.

Si abrimos algún otro panel el presente desaparecerá pero permanece en la barra el icono correspondiente con el que podemos volver a presentar este panel.

Para copiar un tema pulsaremos doble clic sobre el mismo, como lo hicimos con el panel *Search*.

Qué hacer si se interrumpe la transferencia

Ya vimos que podemos intentar retomar la transferencia en el caso de que se interrumpa. Pero podría ocurrir que el usuario se desconectó y, en ese caso podemos retomar la copia desde otro usuario. Pero en este caso no es tan sencillo ya que, como podemos imaginarnos debemos retomar a partir de un archivo idéntico al que se interrumpió.

Para retomar exitosamente una copia interrumpida debemos tomar antes ciertos recaudos:

1. Cuando se inicia la copia por primera vez anotemos del panel SEARCH el tamaño del archivo (columna BYTES), el modo de codificación (columna BITRATE), la duración (columna TIME) y el usuario (columna USER); esos datos nos permitirán ubicar (si lo hubiera) un archivo idéntico al que nos quedó incompleto.

2. Busquemos nuevamente el tema y ubiquemos entre los encontrados el/los que tengan la mayor cantidad de datos coincidentes con los que anotamos. Es necesario que coincida BYTES, BITRATE y TIME para que el empalme sea correcto y si además aparece el mismo USER es seguro que se trata del mismo archivo.

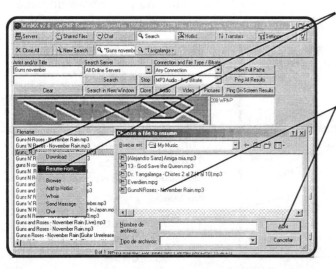

3. Pulsemos sobre el tema elegido con el botón derecho y en el menú contextual seleccionemos *Resume from...*. Se abrirá un cuadro para elegir archivo.

4. Seleccionemos el archivo a retomar y pulsemos *Abrir*.

En la línea del transfer aparecerá primero ...Comparing... para ubicar el lugar de la retoma y luego comenzará la transferencia a partir del lugar en que quedó anteriormente. Si, en cambio, el archivo no coincide presentará en la línea el mensaje **Resume did not match.**

15 Obtengamos una conexión gratuita a Internet

Analizaremos un par de opciones

Existen ya varias opciones de servidores gratuitos para acceder a Internet, si bien, como todo lo gratuito, debemos tener en cuenta que no implica ninguna responsabilidad por parte del servidor y podrían sucedernos cosas tales como perder la casilla de e-mail una vez que ya la conocen todos nuestros clientes y amigos, obtener el tono de ocupado una y otra vez, esperar por lapsos prolongados, afrontar excesos de publicidad y sufrir demoras por esa causa, etcétera.

A pesar de todos los inconvenientes mencionados (los que no necesariamente deben ocurrir) podemos decir que para quien utiliza la Web como entretenimiento o distracción o eventualmente para alguna búsqueda, este tipo de conexiones resultará satisfactorio.

Probablemente no ocurrirá lo mismo con quien navega varias horas al dia o utiliza la Web con propósitos laborales. Como ejemplo podríamos mencionar que no resultaría nada grato para cualquier empresa que se comunica via e-mail con cientos o miles de clientes verse obligada a modificar su dirección electrónica y a comunicar la novedad a cada uno de ellos en razón de que el servicio gratuito ha dejado de prestarse o han surgido inconvenientes con el mismo.

Veremos aquí dos de las opciones más conocidas en nuestro país que, a diferencia de lo que ocurre con otras cuestiones relacionadas con Internet, sólo funcionan localmente debido a la necesidad de una comunicación telefónica local, puesto que nadie utilizaría este servicio gratuito desde otros países o provincias, desde el momento que para hacerlo sería preciso establecer una comunicación telefónica de larga distancia.

Obtengamos una clave de usuario en AlternativaGratis

Este servidor figura entre los más recomendables de nuestro medio. Para seguir el proceso que se describe a continuación, el que nos llevará a obtener una clave de acceso a éste y otros servidores gratuitos, debemos disponer previamente de una conexión a Internet.

En caso de no contar con la misma podemos efectuar esta primera parte (el trámite para obtener una clave) en cualquier otra PC que disponga de conexión a Internet y que bien podría ser cualquiera de las PC de los numerosos locutorios que cuentan con este servicio.

Cuando se nos solicite el número telefónico desde el que se accederá al servicio, deberemos indicar el de la línea a la que conectaremos la PC, ya que cuando comencemos a utilizar el servicio gratuito el servidor verificará que la llamada provenga del teléfono especificado.

Comencemos por conectarnos con el sitio

Entonces, como dijéramos anteriormente, la primera parte de este proceso (el siguiente ejercicio de dieciséis pasos) debemos llevarla a cabo desde cualquier PC que disponga de una conexión a internet funcionando correctamente.

Posteriormente instalaremos un acceso telefónico (en nuestra PC) con los datos de la clave obtenida para permitir la conexión con el servidor gratuito.

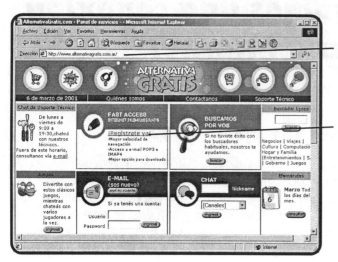

1. Escribamos la dirección:
http://www.alternativagratis.com.ar/
y pulsemos `Enter←` para conectarnos.

2. Ya en el sitio Alternativa Gratis, pulsemos el vínculo

   ¡Registrate ya!

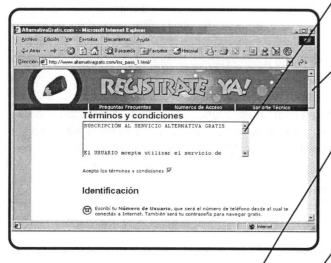

♦ Leamos el texto de las condiciones de uso utilizando la barra para desplazar.

3. Desplacemos hacia abajo la barra principal de la ventana para ver el contenido de la próxima figura.

4. Completemos este primer campo; tal como lo explica en la misma pantalla escribamos **011** seguido del número telefónico de la línea por la que estamos conectados.

5. Para obtener una cuenta de e-mail gratis llenemos este otro.

♦ Observemos que la segunda parte de la dirección es fija y no debemos escribirla.

6. Elijamos una contraseña fácil de recordar; repitamos esa misma contraseña debajo.

7. Abramos esta lista y seleccionemos una de las opciones.

8. Ingresemos el texto correspondiente debajo. Si llegáramos a olvidar la contraseña, AlternativaGratis puede recordárnosla a cambio de este dato.

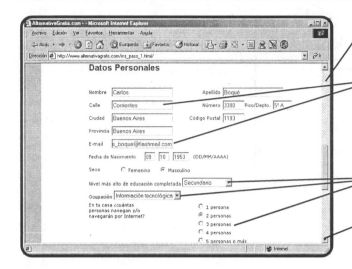

9. Avancemos la barra principal para mostrar el sector que sigue en el formulario.

10. Completemos estos otros datos; la dirección de e-mail puede ser la misma obtenida aquí u otra cualquiera, pero deberá ser válida.

11. Abramos las listas y elijamos las opciones más adecuadas.

12. Avancemos nuevamente.

13. Terminemos de ingresar los datos y luego pulsemos **¡Registrate ya!**, para enviar el formulario a AlternativaGratis.

 Nota:

Si hay algún dato incorrecto, se presentará una ventana con un texto en donde se nos describe el error.

En ese caso, pulsaremos

para volver al formulario, corregiremos el error y pulsaremos nuevamente **¡Registrate ya!** para reintentar.

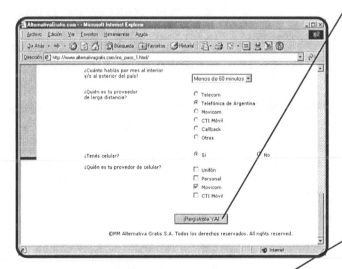

◆ Una vez aceptados los datos, se presentará esta página. La misma es muy importante ya que contiene todos los datos de nuestro registro.

14. Imprimámosla (solicitemos permiso al personal del locutorio para utilizar la impresora) y guardemos la hoja en un lugar seguro ya que utilizaremos alguno de esos datos para la segunda etapa, que veremos enseguida, en donde crearemos un acceso telefónico (en nuestra PC) para conectarnos con este servidor, y también recurriremos a la misma si nos olvidáramos el nombre o el *password*.

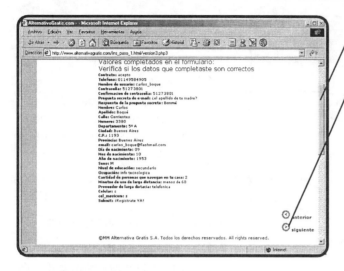

15. Deslicemos hacia abajo para presentar el icono de continuación.

16. Pulsemos **Siguiente**.

La que sigue es una ventana de ayuda que nos indica de qué manera crearemos una nueva conexión de acceso telefónico para acceder a este servidor.

Si obtuvimos la clave de acceso en una PC prestada o alquilada (locutorio) deberíamos concluir aquí y, como dijéramos anteriormente, proseguir con los pasos siguientes en nuestra propia PC.

No obstante, sería conveniente continuar (pulsando **Siguiente**, como lo hicimos en el paso 16) para imprimir las instrucciones que se presentan en las páginas correspondientes (son cuatro páginas en total).

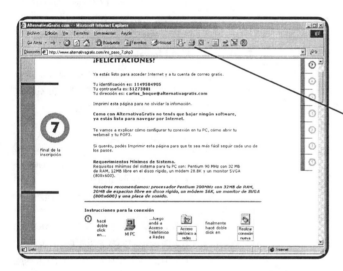

17. Pulsemos el botón **Imprimir** y guardemos también esta página para consultarla cuando configuremos el acceso telefónico.

Configuremos el acceso telefónico

Ahora sí, ya instalados en nuestra PC y disponiendo de una clave que nos habilita como usuarios, crearemos la conexión telefónica para conectarnos luego con ese servidor.

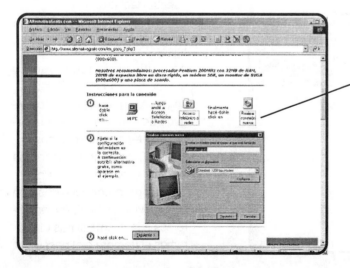

♦ Prácticamente, lo que haremos ahora es repetir las instrucciones de esta ayuda que hemos impreso en el paso 17. La misma se refiere al caso de utilizar un modem del tipo *PnP* (por **P**lug and **P**lay). Los dispositivos *PnP (modems, placas de sonido, etc.)* son detectados por el sistema e instalados en forma automática.

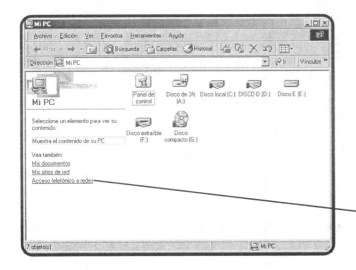

Suponemos entonces que el módem se encuentra ya instalado. Dicha instalación se producirá de manera automática la primera vez que iniciamos el sistema luego de colocar la placa. El sistema detectará la presencia de la misma y sólo presentará en pantalla un cartel que nos indica qué tipo de placa se detectó y que la misma será instalada.

1. Tal como lo indica la ayuda de **AlternativaGratis** en su paso (1), ver figura anterior, abramos la ventana de Mi PC y pulsemos sobre el hipervínculo *Acceso telefónico a redes*.

 Nota:

Si en Mi PC no apareciera el vínculo mencionado debemos pulsar el botón *INICIO* y seguir la opción de menú: *Programas, Accesorios, Comunicaciones, Acceso telefónico a redes*.

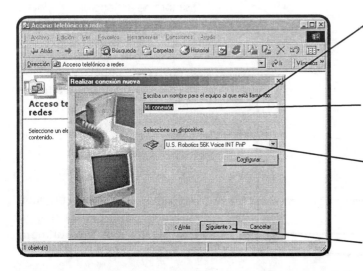

♦ Se presentará la ventana de Mi PC para esa carpeta y sobre la misma el primer cuadro del asistente para configurar la conexión.

2. Pulsemos **Siguiente**.

♦ Aparecerá el segundo cuadro del asistente en donde se nos propone un nombre para la conexión que crearemos.

3. Pulsemos aquí y reemplacemos este nombre genérico por **AlternativaGratis**.

♦ Obsérvese que en esta misma ventana se muestran el nombre y características del modem ya instalado.

4. Pulsemos **Siguiente**.

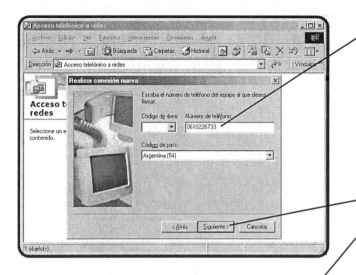

5. Escribamos el número que se nos indica en la ayuda impresa y que también podemos ver en la figura.

Por tratarse de una llamada local, no es necesario que el modem disque ningún otro número y por lo tanto código de área quedará en blanco.

6. Pulsemos *Siguiente*.

♦ El último panel de este asistente nos confirma que la conexión ha sido configurada correctamente

7. Pulsemos *Finalizar*.

Utilicemos la conexión creada

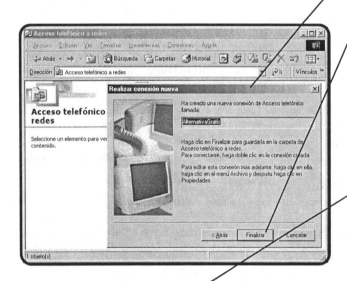

Por ser la única existente, Alternativa Gratis será la opción predeterminada para efectuar al conexión y por lo tanto:

1. Pulsemos el icono correspondiente a **Internet Explorer** para presentar la ventana de conexión preparada para discar el número de Alternativa Gratis.

♦ Aparecerá ya cargado nuestro nombre de usuario de Windows.

2. Escribamos la contraseña (recordemos que la misma se encuentra en el papel que imprimimos luego de habernos registrado como usuarios).

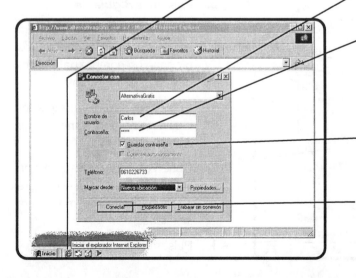

3. Activemos esta casilla para que quede cargada la contraseña para futuras conexiones.

4. Pulsemos *Conectar* y en unos instantes aparecerá la página que mostramos en la primera figura del presente capítulo.

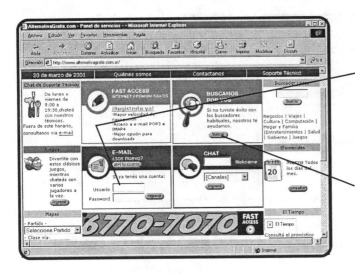

Utilicemos los servicios del sitio

♦ Como sabemos, disponemos de un servicio de e-mail. Utilizaremos este servicio en la página siguiente.

Buscador humano

1. Pulsemos este botón para abrir el buscador personalizado de *AlternativaGratis*.

 Nota:

No se trata de un buscador automático, sino de un servicio manejado por personas, el que nos ayudará a encontrar todo aquello que no podemos hallar en buscadores convencionales (automáticos).

2. Describamos con un texto lo que deseamos encontrar.

3. Coloquemos el número de teléfono de nuestro domicilio (teléfono personal) y la dirección de e-mail que obtuvimos al suscribirnos a este servidor gratuito.

4. Pulsemos **Buscar**.

 Nota:

Lógicamente, la respuesta no será inmediata y probablemente debamos esperar uno o más días para recibir el e-mail con la respuesta.

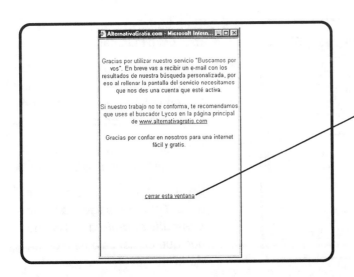

5. A modo de acuse de recibo de nuestra solicitud, el servicio nos presenta este texto. Luego de leerlo pulsemos **Cerrar esta ventana**.

6. De tanto en tanto controlemos nuestro e-mail de *Alternativa gratis*, hasta obtener la respuesta a nuestra solicitud.

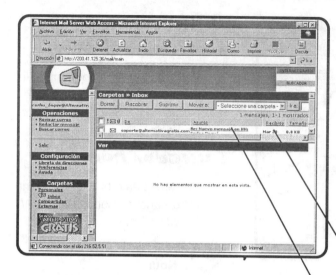

Utilicemos el servicio de e-mail

1. En el recuadro que indicáramos en la primera pantalla de la página anterior completemos los datos que requiere el formulario: **Usuario** y **Password** (el nombre y la contraseña con que nos registráramos) y pulsemos el botón **Ingresá**.

Mensajes recibidos

♦ Se presentará la ventana de e-mail de Alternativa gratis mostrándonos la carpeta **Inbox** con los mensajes que hemos recibido.

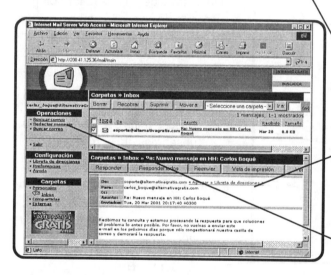

2. Pulsemos sobre el hipervínculo del mensaje que deseamos abrir (debajo del mostrado podrían encontrarse más mensajes).

♦ Debemos aguardar un tiempo para obtener en el recuadro inferior el texto del mensaje.

Enviar mensajes

3. Pulsemos el hipervínculo **Redactar mensaje**, para abrir la ventana correspondiente.

4. Escribamos la dirección de e-mail del destinatario.

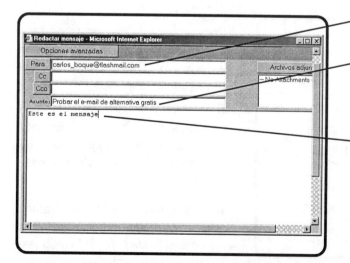

5. Escribamos un texto en **Asunto** para que quién lo reciba pueda ver en la lista de e-mail de qué se trata este mensaje.

6. Redactemos el mensaje y finalmente pulsemos **Enviar**.

♦ Se presentará una página con el texto **This message was successfully submited**, indicándonos que el mensaje ha sido enviado.

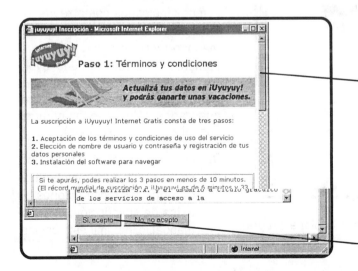

Obtengamos una clave de Uyuyuy

Este sitio ofrece un servidor para la conexión gratuita a Internet, y es razonablemente rápido aunque incluye una barra de publicidad y además, para conectarnos necesitaremos cargar e instalar un programa que se nos provee. Si bien estas características podrían considerarse como desventajas, no constituyen ni un obstáculo ni una molestia para utilizar el servicio, probémoslo!.

1. Estando en algun servidor de acceso a Internet (de algún amigo o bien un locutorio) accedamos a la dirección del sitio: **www.uyuyuy.com** y se presentará la página correspondiente.

2. Pulsemos el hipervínculo **Suscribite a Uyuyuy**, para presentar la primera ventana de presentación de este servicio gratuito.

3. En esta nueva página pulsemos **Suscribite ya!**.

La primera ventana del asistente nos presenta los términos y condiciones de este contrato de suscripción.

4. Leamos el contrato desplazando para ello el deslizador de control hacia abajo.

♦   Al pie de esta pantalla encontraremos los botones correspondientes para continuar o bien para abandonar este proceso de instalación.

5. Al pie pulsemos **Sí acepto**.

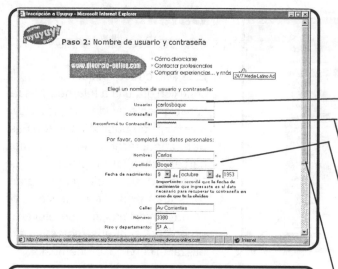

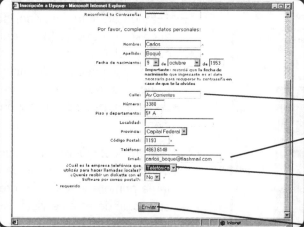

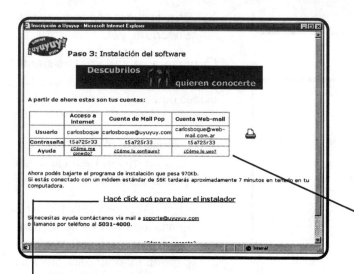

Ingresemos los datos requeridos

6. Esta ventana es similar a la correspondiente de *AlternativaGratis*; ingresemos los siguientes datos:

- En primer término la clave que utilizaremos para la conexión pudiéndose elegir cualquier texto con letras y números (sin espacios) de por lo menos 8 caracteres.

- Una contraseña que recordemos.

- Nuestros datos personales.

7. Desplacemos hacia abajo el formulario y continuemos:

- Dirección, teléfono, etc.
- Nuestra dirección de e-mail.

- La compañía de teléfonos que utilizamos para conectarnos.

8. Pulsemos **Enviar** para que el servidor controle y acepte los datos ingresados.

Si olvidamos llenar alguno de los campos indicados como *requerido* (asterisco rojo) o lo hacemos en forma incorrecta se nos devolverá el presente formulario con una leyenda: **Por favor reingresá los datos de los siguientes campos:**, quedando recuadrados sólo aquellos campos que falta ingresar o corregir.

9. Una vez aceptados los datos, se presentará esta ventana de confirmación mostrándonos los datos de suscripción; es recomendable imprimir esta página.

10. Pulsemos aquí para comenzar a copiar el programa de conexión.

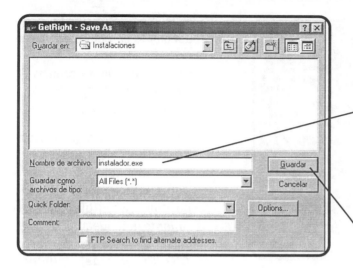

Descarguemos el programa de conexión

❖   Cumplido el paso 10 de la página anterior se activará *GetRight* o la ventana correspondiente de descarga de archivos del *Explorer* para comenzar a copiar el programa.

11. Indiquémosle dónde guardar este programa instalador y pulsemos **Guardar**.

❖   Aparecerá una página con instrucciones sobre los pasos a seguir, de ser posible, conviene imprimirla

Instalemos la conexión Uyuyuy

El proceso anterior habrá dejado en el escritorio el icono del instalador descargado.

12. Pulsemos doble clic sobre el mismo para iniciar la instalación.

13. Hecho esto, se iniciará el asistente de instalación, que presentará su primera ventana.

14. Una vez leídas las instrucciones allí presentadas pulsemos **Siguiente**.

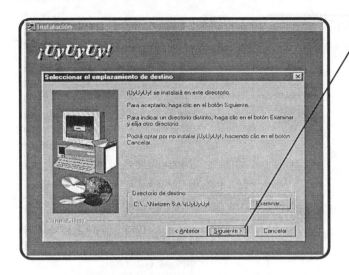

15. Pulsemos **Siguiente** para aceptar la carpeta predeterminada
C:\Archivos de programa\ Netizen S.A\¡UyUyUy! donde se instalará el programa.

16. Una nueva pantalla (no mostrada aquí) nos permite seleccionar la ubicación del acceso **uyuyuy** a Internet en el menú de Windows. Pulsemos **Siguiente** para luego poder ejecutar este programa desde **INICIO, Programas, Uyuyuy** o bien desde el icono que se instalará en el escritorio.

17. Otra ventana similar (que no consideramos necesario mostrar) nos confirmará los datos de las opciones seleccionadas; pulsemos **Siguiente** para iniciar la copia de los archivos.

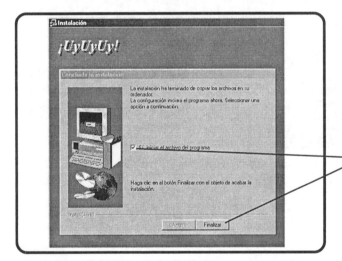

18. Una última ventana nos confirma que la instalación ha concluído; activemos la casilla de ejecución del programa y pulsemos **Finalizar** para iniciar el programa por primera vez.

Primera ejecución de Uyuyuy

Por tratarse de la primera ejecución, aparecerá esta ventana de configuración.

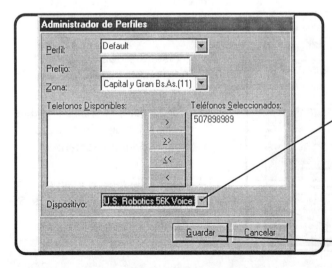

19. Sólo debemos verificar que el teléfono sea el que corresponde a nuestra zona y abrir la lista de dispositivos, para elegir con qué modem deseamos conectarnos (aunque haya sólo uno es necesario abrir la lista y elegirlo).

20. Pulsemos **Guardar**.

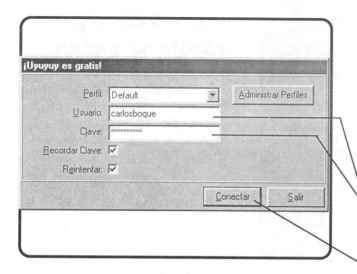

Conectémonos a Internet con Uyuyuy!

21. Si no apareciera esta ventana pulsemos doble clic sobre el icono *Uyuyuy!* del escritorio.

22. Completemos *Usuario*, *Clave*, activemos *Recordar clave* y *Reintentar*.

23. Pulsemos *Conectar* y en unos instantes tendremos en pantalla la *home page* de *Uyuyuy!*.

Utilicemos los servicios de Uyuyuy

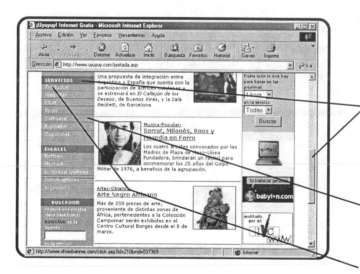

1. Estando en la página principal de **uyuyuy** desplacemos hacia abajo hasta que aparezca en el borde izquierdo la lista de servicios.

♦   Si pulsamos esta opción se presentará la página de TUCOWS, servicio que ya conocemos.

♦   Pulsemos la opción *Traductor*, para abrir la página correspondiente y utilizar un traductor entre distintos idiomas. También podemos copiar el programa.

2. Volvamos a subir y seleccionemos *Cine* para presentar una agenda con novedades y varios vinculos para buscar películas por género.

3. En la página siguiente conseguiremos una casilla de e-mail gratuita; para ello pulsemos esta opción.

Obtengamos una casilla de e-mail

◆ Al seleccionar la opción **Correo gratuito** (paso 3 de la página anterior) se presentará la ventana de gestión y uso de correo de *Uyuyuy*.

1. Pulsemos este hipervínculo para obtener una dirección de e-mail.

2. Escribamos un nombre identificatorio.

3. Escribamos una contraseña que podamos recordar.

4. Desplacemos hacia abajo para presentar el siguiente sector del formulario.

5. Escribamos aquí una pregunta breve sobre alguna cuestión personal que ningún otro conozca.

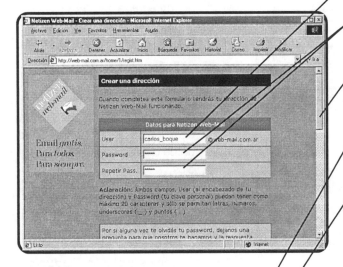

6. En el campo siguiente escribamos la respuesta correspondiente.

Si olvidáramos la contraseña, disponemos de un vínculo en la página principal **Olvidé mi password** (ver última figura de la página anterior) en el que contestando esa pregunta nos permitirá crear un nuevo *password* y así poder seguir utilizando la dirección.

7. Completemos **Nombre y apellido**.

8. Escribamos una dirección de e-mail (que como dice allí no debe ser la que estamos por adquirir), esto no es obligatorio.

9. Seleccionemos la opción correspondiente a nuestra edad.

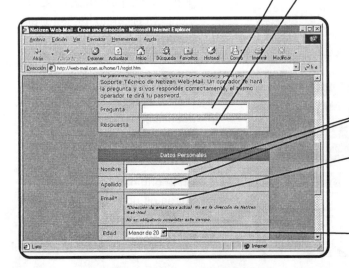

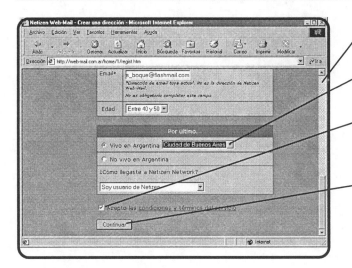

10. Desplacemos para ver la última parte del formulario.

11. Abramos la lista para seleccionar nuestro lugar de residencia.

12. Activemos la casilla que indica nuestra conformidad con las condiciones del servicio.

13. Pulsemos **Continuar**.

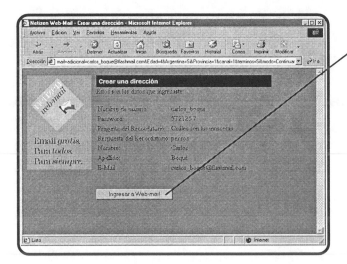

14. Una última página nos mostrará los datos que acabamos de ingresar. Pulsemos **Ingresar a WebMail** para presentar la página con la que administraremos nuestra correspondencia.

Recibamos la correspondencia

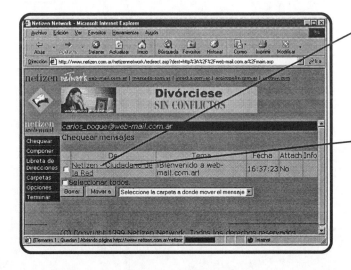

◆ Al suscribir nuestra nueva casilla disponemos ya de un primer e-mail de bienvenida que nos servirá como ejemplo para mostrar como se abre y se lee un WebMail de uyuyuy.

15. Pulsemos sobre el hipervínculo de la columna **De**, y se abrirá el mensaje en una nueva ventana (ver pantalla de la página siguiente).

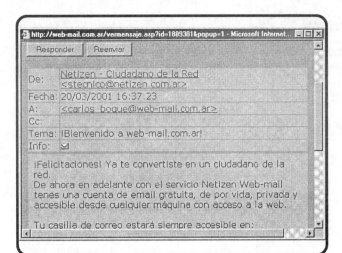

16

Comuniquémonos con Messenger

Qué es Messenger

Se trata de un programa incluido dentro de Internet Explorer 5 que, utilizando un sitio de Microsoft Network a modo de puente, permite comunicarse al estilo *chat*, con intercambio de mensajería, documentos, etcétera, con todo aquel que se registre (gratuitamente) como usuario del servicio. Mostraremos esta aplicación en su posibilidad de uso como mensajero privado entre los integrantes de un grupo.

Una vez instalado, cada usuario agregará a su grupo las claves de acceso de sus amigos, creándose así un grupo cerrado al que sólo podrán acceder los integrantes que conozcan las claves de los demás participantes del grupo.

Instalemos Messenger

1. Comenzaremos por abrir Internet Explorer y conectarnos a Internet.

2. Pulsemos el icono correspondiente a esta función y se presentará la primera página del asistente que nos ayudará a registrarnos como usuarios de Messenger.

3. Pulsemos **Siguiente** para continuar.

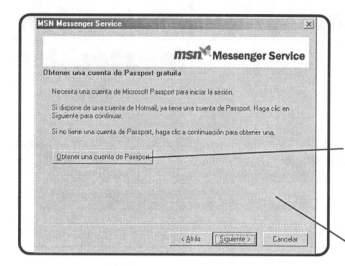

Para utilizar Messenger debemos habilitar primeramente una cuenta Passport; por lo tanto alteraremos el curso de la instalación para abrir dicha cuenta y luego retomaremos esta ventana para proseguir con la instalación.

3. Por lo dicho, en lugar de continuar con *Siguiente* pulsaremos ahora ***Obtener una cuenta de Passport*** para iniciar la tramitación de la clave de acceso a este servidor.

♦ La presente ventana permanecerá en la pantalla; dejémosla donde se encuentra, para utilizarla más tarde.

4. Pulsemos ***Registrarse ahora*** para presentar el formulario de inscripción.

Si tuviéramos la clave ya registrada podríamos llenar los datos del presente formulario y así iniciar la sesión.

Hemos dividido la siguiente ventana (el formulario de registro) en dos partes, para que podamos verlo en su totalidad.

5. Llenemos los campos del sector superior del formulario de la siguiente forma:

♦ Completemos el nombre y el apellido.

♦ Abramos la lista de idiomas y seleccionemos el que corresponda.

♦ Seleccionemos el país y esperemos; esto permitirá que el servidor modifique el control siguiente cargando la lista de provincias correspondientes al país elegido.

♦ Seleccionemos la provincia.

♦ Seleccionemos la zona horaria (para Buenos Aires utilicemos la que se muestra aquí).

♦ Completemos *sexo, fecha de nacimiento* y elijamos una *ocupación.* Luego avancemos la barra.

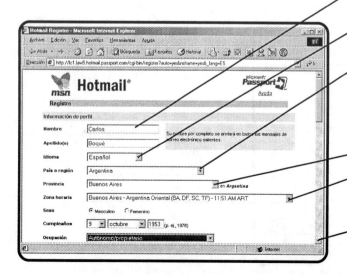

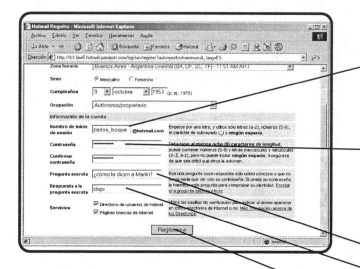

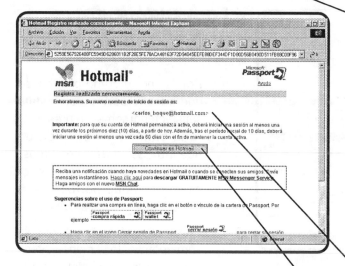

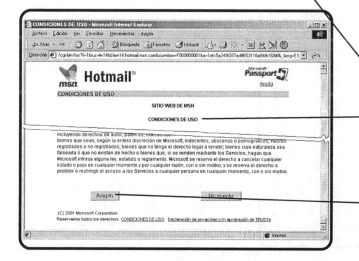

6. Completemos ahora el sector inferior:

* Escribamos aquí la identificación que deseamos tener para nuestra casilla de *Hotmail* (la parte que se encuentra antes de la @).

* Escribamos una contraseña de más de ocho letras o números; elijamos alguna combinación fácil de recordar. Repitamos la misma contraseña en el campo que sigue.

* Escribamos una pregunta.

* Escribamos la respuesta a la misma.

* Pulsemos **Registrarse**.

 Nota:

Si olvidamos nuestra clave, entonces pulsaremos, en el cuadro de conexión, el botón *¿Olvidó la contraseña?* y se nos volverá a formular la pregunta del paso anterior. Contestándola correctamente (respuesta exacta) tendremos la oportunidad de borrar nuestra contraseña anterior (la cual no se nos informará) y obtener una nueva.

* Se presentará una pantalla de confirmación en donde se nos indica que la clave elegida ha sido aceptada.

7. Pulsemos **Continuar en Hotmail**.

* Una nueva ventana nos muestra las condiciones del contrato de usuario. Avancemos para leerla hasta el final y luego...

8. Pulsemos **Acepto** para dar por terminado el trámite y estar ya en condiciones de utilizar el servicio.

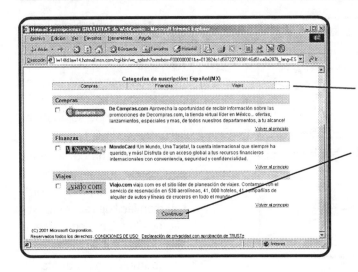

◆ Se presentará una página con publicidad de algunos productos asociados con este servicio.

9. Pulsemos **Continuar**.

La bandeja de entrada de Hotmail

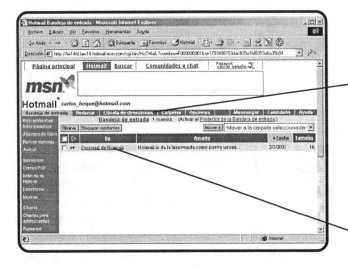

◆ Por último, y como prueba de que nuestro servicio se instaló satisfactoriamente, se presentará la bandeja de entrada de nuestra casilla de e-mail mostrándonos el primer mensaje recibido (enviado por Microsoft como bienvenida al servicio).

10. Pulsemos sobre el hipervínculo correspondiente al mensaje recibido, para leerlo; finalmente, cerremos esta ventana.

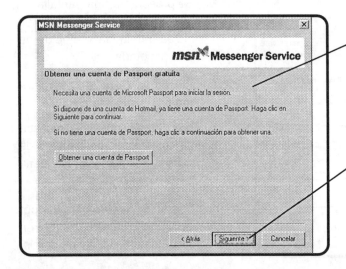

11. Quedará a la vista la ventana que mostráramos en el paso 3. Si no se encontrara repitamos los pasos 1, 2 y 3 para presentarla nuevamente.

12. Ahora que ya tenemos nuestra cuenta *Passport* podemos pulsar **Siguiente**, para conectarnos con el servicio.

Conectémonos con el servicio de mensajería de Microsoft Network

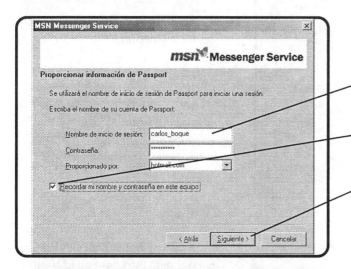

Con los pasos 11 y 12 hemos iniciado la conexión con **msn** y aparecerá la ventana de ingreso.

13. Completemos **nombre y contraseña**.

14. Activemos la casilla *Recordar contraseña*.

15. Pulsemos *Siguiente*.

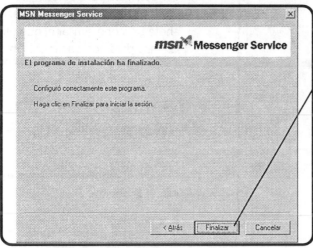

16. Debido a que acabamos de completar el proceso de instalación de la cuenta, se presentará esta ventana para indicarnos que la instalación ha finalizado y ya estamos listos para conectarnos con el servicio. Pulsemos *Finalizar* para hacerlo.

❖ Mientras se hace efectiva la conexión se presenta esta pantalla que nos muestra una animación.

A la vez, el sitio de Microsoft Network detectó que nuestra versión del programa podría actualizarse. Para ello nos presenta un cuadro de aviso en donde se nos invita a instalar la nueva versión (página siguiente).

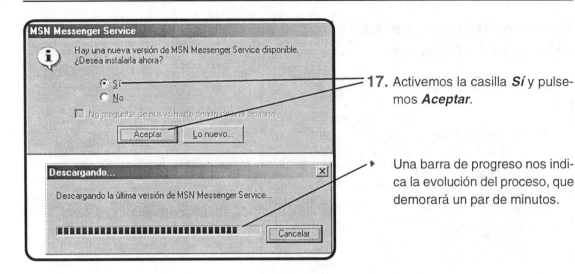

17. Activemos la casilla *Sí* y pulsemos *Aceptar*.

♦ Una barra de progreso nos indica la evolución del proceso, que demorará un par de minutos.

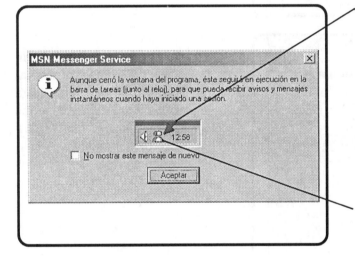

♦ Una vez concluido, el Messenger está listo para su uso. Notaremos que junto al reloj aparece ahora un icono similar al que utilizamos para comenzar esta instalación.

Iniciemos la sesión de Messenger

1. Pulsemos sobre el icono para iniciar la sesión.

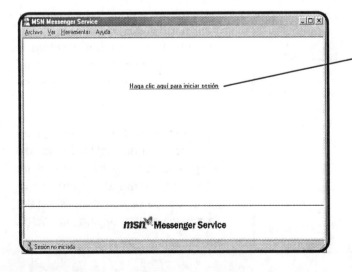

2. Tal como lo indica el hipervínculo, pulsemos sobre el mismo.

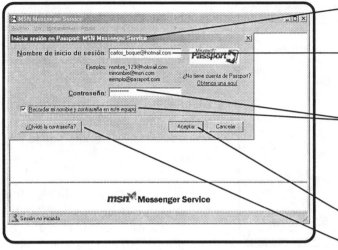

- Se presentará la ventana de conexión.

3. Seguramente el nombre de usuario se encuentra ya cargado, si no es así completémoslo.

4. Escribamos la contraseña y luego activemos la casilla **Recordar nombre y contraseña ...** para que no se nos vuelvan a requerir esos datos.

5. Pulsemos **Aceptar**.

- Si llegáramos a olvidar nuestra contraseña pulsaremos este botón para ingresar a una página en donde se nos formulará la misma pregunta que eligiéramos oportunamente y contestando correctamente podremos elegir una nueva contraseña.

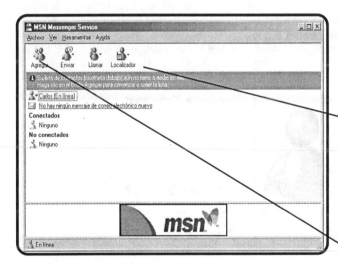

- La figura muestra la ventana de sesión con todas las herramientas que utilizaremos para comunicarnos.

Agregar un contacto conocido

Debemos ahora crear una lista de contactos, incluyendo en la misma las claves (primera parte de la dirección de hotmail) de las distintas personas con las que deseamos comunicarnos. Es, por supuesto, requisito necesario, que las mismas hayan completado el procedimiento que se describió hasta aquí.

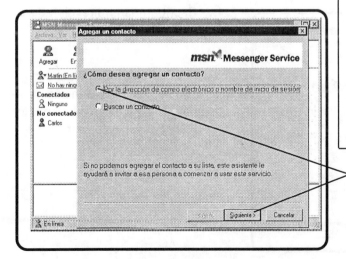

1. Pulsemos **Agregar**.

2. Activemos la casilla superior y pulsemos **Siguiente**.

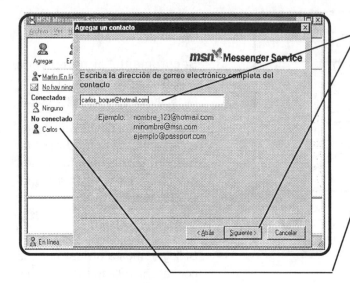

3. Escribamos la dirección de e-mail completa (debe ser una dirección de **hotmail**) y pulsemos **Siguiente**.

Se buscará la clave solicitada en la base de datos de Microsoft Network y en unos instantes tendremos la respuesta.

♦ Si la persona buscada tiene una cuenta **Passport** (lo que obtuvimos antes), se habrá agregado el contacto en esta lista (o en la que se encuentra encima de la misma si la persona se encuentra actualmente conectada).

De lo contrario se presentará un mensaje indicándonos que el usuario en cuestión no tiene declarada una cuenta **Passport**.

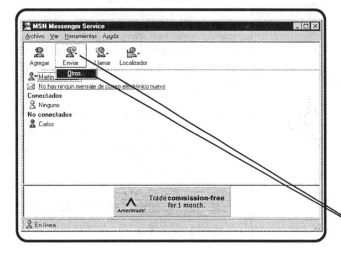

Enviar un mensaje

1. Pulsemos el botón **Enviar** y luego el botón **Otros**, que aparecerá de inmediato.

2. Escribamos la dirección de e-mail y pulsemos **Aceptar**.

Se presentará la ventana de mensajes instantáneos *(chat)* (en página siguiente) lista para escribir el primer texto que deseamos enviar.

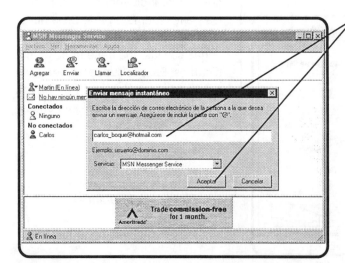

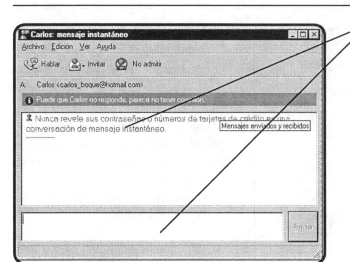

◆ Como otras ventranas de *chat*, esta presenta un sector en el que leeremos nuestros mensajes enviados y los recibidos. y otro más pequeño en donde escribiremos los textos a enviar.

En el sector superior se diferencian nuestros textos y los de quienes se encuentran conectados por un texto indicativo: xxxxxx dice: (por ejemplo Valeria dice:)

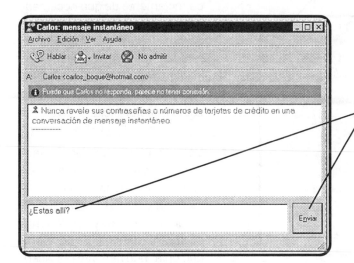

3. Escribamos el mensaje y pulsemos **Enviar**.

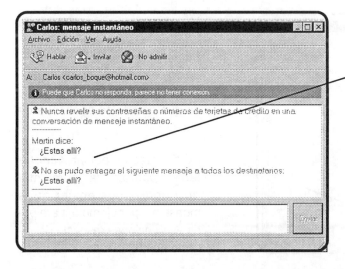

◆ Si el usuario referido no se encuentra en línea, se nos indica tal condición mediante un icono y una leyenda y debajo el texto del mensaje que no pudo ser entregado.

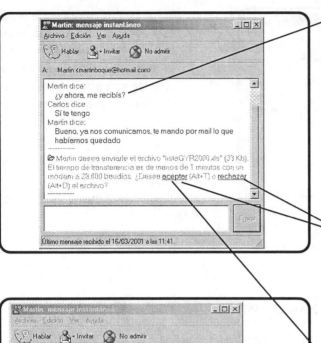

◆ Cuando el usuario requerido se encuentra conectado los mensajes se muestran de este modo.

Recibir documentos

Mientras intercambiamos mensajes, podemos también intercambiar documentos, como por ejemplo cualquier archivo, planilla, imagen, etcétera. Veamos primero cómo se recibe lo que otros nos envían.

◆ Si alguien nos ha enviado algún documento, tendremos la opción de recibirlo o no. El texto explica perfectamente de qué documento se trata, quién lo está enviando y hasta cuánto tiempo demorará la transferencia del mismo.

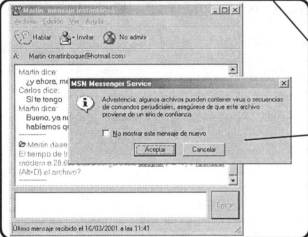

1. Pulsemos aceptar para comenzar la transferencia.

◆ Se presentará un aviso alertándonos sobre virus que pueden contener los archivos que recibimos. En este caso sabemos de quién provienen, y por lo tanto podemos decidir. Tendremos que optar nuevamente por *Aceptar o cancelar*.

◆ Mientras no sea aceptada la transferencia (cosa que el receptor hizo en el paso 1), en la PC de quien envía el archivo se presenta un mensaje que le indica en qué estado se encuentra dicho envío.

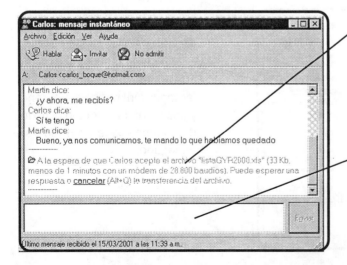

◆ Aquí, antes de pulsar ***Aceptar*** (en el cuadro de la figura anterior) podríamos enviar otros mensajes; por ejemplo, para pedir explicaciones respecto del archivo que recibiremos.

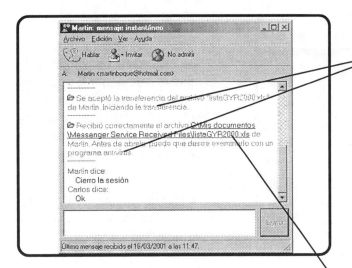

◆ Terminada la transferencia aparecerán los mensajes indicativos correspondientes en la pantalla del receptor.

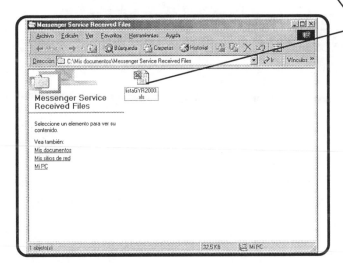

◆ Tenemos ya disponible el documento que acabamos de recibir que, como vemos en la presente figura y en la indicación de hipervínculo de la figura anterior, se ha ubicado en la carpeta:

C:\Mis documentos\Messenger Service Received Files

Que es el lugar en donde se guardarán todos los documentos que recibamos de este modo.

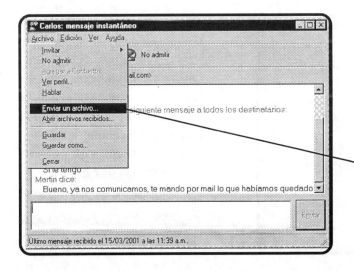

Enviar documentos

Veremos ahora el trabajo de quien envía un documento.

1. Estando en comunicación con el usuario a quien deseamos enviar un documento, seleccionemos la opción de la figura.

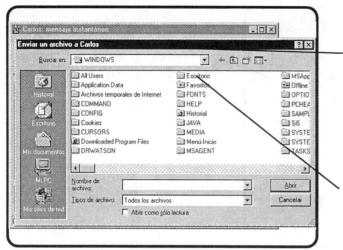

◆ Se presentará un cuadro de abrir archivo que se diferenciará del estándar que conocemos de distintas aplicaciones sólo por su título, en donde se nos indica que se trata de un envío de archivo.

1. Ubicaremos el archivo que deseamos enviar de la manera que ya sabemos hacerlo...

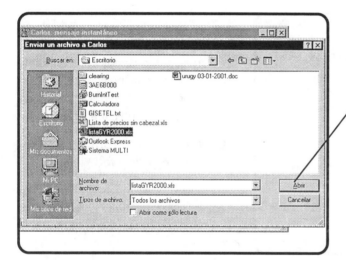

2. Y pulsaremos **Abrir**.

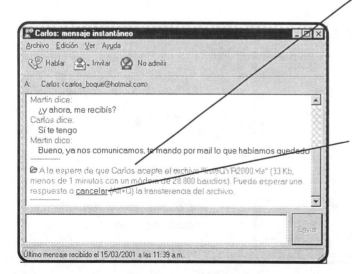

◆ Mostramos aquí nuevamente una pantalla que vimos dos páginas atrás. En la misma se nos informa que el archivo se encuentra a la espera de que la transferencia sea aceptada por el receptor.

◆ Si nos arrepintiéramos de enviarlo, estamos a tiempo de pulsar el hipervínculo ***cancelar***.

De lo contrario, sólo nos resta esperar que el receptor acepte y que la transferencia concluya.

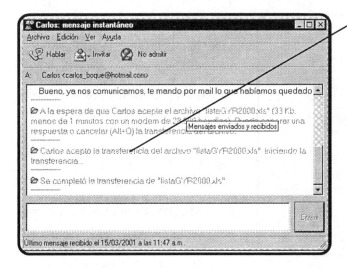

◆ Como correlato de la ventana que mostráramos para el receptor, vemos aquí lo que aparece en la ventana del emisor del archivo cuando la transferencia se completa.

Buscar personas en la red

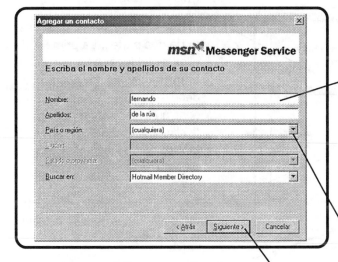

1. Como lo hicimos en la segunda figura de la página 169, pulsemos el botón **Agregar** y en la ventana que se muestra debajo (en esa misma página), activemos la segunda opción: **Buscar un contacto** y luego pulsemos el botón **Siguiente.**

2. Completemos los campos con el nombre y apellido de la persona que buscamos.

Nota:
Por lo general, los usuarios se encuentran registrados con sus nombres correctos (acentos, etc.); no obstante, no serán necesarias las mayúsculas.

3. Podemos seleccionar el país si necesitáramos buscar específicamente en un país determinado aunque esto sólo servirá para distinguir en el caso de que encontremos dos o más personas con el mismo nombre.

4. Pulsemos **Siguiente** para iniciar la búsqueda, aguardemos unos instantes y tendremos la respuesta.

5. Estamos en condiciones de enviar un mensaje a esta persona; sigamos para ello con el próximo paso del asistente.

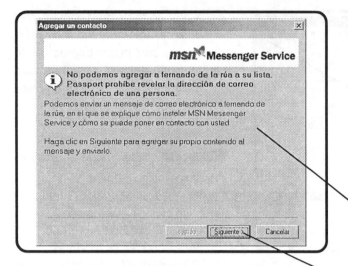

Enviar mensajes a la persona hallada

Messenger Service respeta la privacidad de las direcciones de correo electrónico de sus usuarios y por lo tanto no podremos obtener la dirección de e-mail de la persona hallada, pero sí podemos enviarle un mensaje para que, si lo desea, se comunique con nosotros.

◆ Al pulsar **Siguiente** en la pantalla de la página anterior se presentará esta otra donde se nos advierte lo que ya explicamos.

6. Pulsemos **Siguiente.**

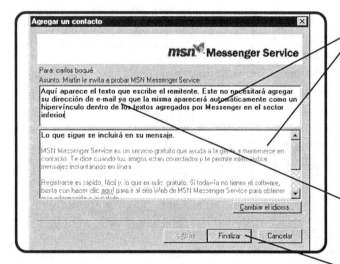

◆ El mensaje que enviaremos consta de dos partes. La primera de ellas es un lugar para que escribamos nuestro mensaje (que debe ser breve) y la segunda contiene un texto explicativo que invita al receptor a obtener una cuenta Passport e incorporarse como usuario de Messenger service.

7. Escribamos entonces nuestro mensaje (no es necesario incluir nuestra dirección de e-mail).

8. Pulsemos **Finalizar** y el mensaje será enviado a la casilla de e-mail de esa persona.

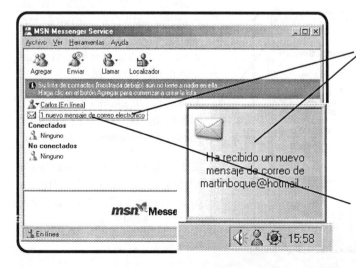

◆ En el momento en que se conecte el destinatario, aparecerá un indicador sobre el reloj (que se presenta toda vez que recibimos un e-mail en nuestra cuenta de HotMail). Al abrir la ventana de Messenger, veremos el indicador de correo no leído.

9. Pulsemos sobre el hipervínculo indicador y se abrirá la bandeja de entrada; en ella podremos leer el mensaje.

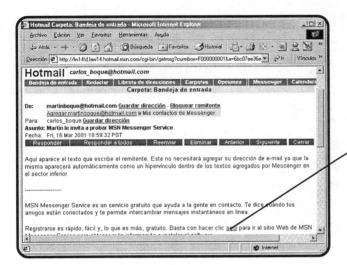

La persona hallada recibe el mensaje

El mensaje recibido contiene el texto que enviáramos y debajo otro texto que nos explica cómo suscribirnos a Messenger Service.

10. Si, como lo indica el texto, la persona que recibió este mensaje pulsa aquí, pasará a la página correspondiente de Messenger Service, donde se le indicará cómo suscribirse al servicio. Si lo hace podrá comunicarse con nosotros utilizando todas las posibilidades que vimos en este capítulo y muchas más que no viene al caso explicar aquí.

17 *Nuestra página Web*

Dividiremos este tema en dos partes fundamentales: **a)** Tramitar la ubicación de nuestra página en algún servidor y **b)** Crear la página. Si tenemos idea de incluir nuestra página en algún servidor al que estamos o estaremos abonados, podríamos crear primero la página y luego solicitar asesoramiento a la empresa. Si, por el contrario, el servidor elegido será alguno de los servicios gratuitos, resultará conveniente asegurarnos en primer lugar el espacio y luego elaborar la página.

Ubiquemos nuestra página en Deagrapa

Se trata de un servidor radicado en México que se caracteriza por su sencillez; veremos a continuación cómo es posible obtener nuestra dirección de página Web en unos pocos pasos.

1. Abramos el explorer y traigamos la página
   http://www.deagrapa.com/

2. Pulsemos aquí para crear una nueva dirección de página.

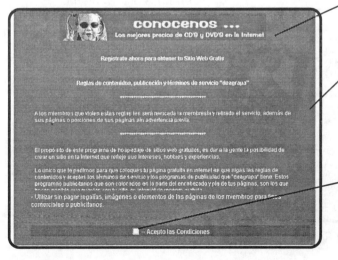

◆ Se presentará una nueva página que nos mostrará los términos del contrato de usuario.

3. Si se presenta a la derecha una barra de desplazamiento accionémosla hacia abajo para leer el resto del contrato y llegar al pie de la página.

4. Activemos esta casilla para aceptar los términos del contrato.

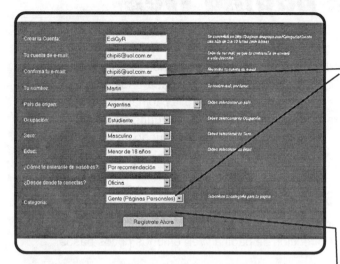

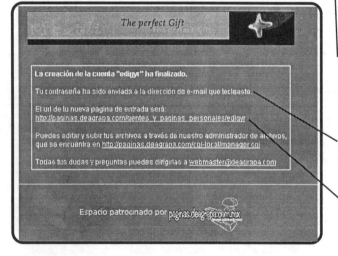

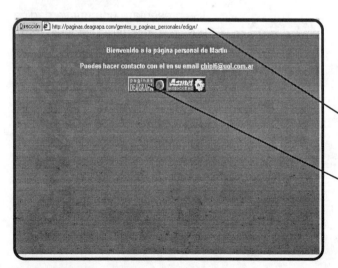

Ingresemos los datos de registro

5. Completemos los datos que solicita el formulario y seleccionemos las opciones que consideremos más adecuadas.

 Nota:

Tengamos especial cuidado en cuanto a colocar una dirección de e-mail correcta ya que allí recibiremos la contraseña que será necesaria para cargar los datos de la página o bien para efectuar posteriormente cualquier retoque o modificación de la misma.

5. Pulsemos aquí para enviar los datos.

La siguiente pantalla nos indica que la página ha sido recibida correctamente y que:

◆ Recibiremos la contraseña en la dirección de e-mail que indicamos en el formulario anterior.

◆ Para acceder a la página recién creada debemos escribir esta dirección en la barra de direcciones del Explorer.

6. Cerremos esta ventana.

Accedamos a nuestra página

1. Utilizando el Explorer accedamos a la primera de las direcciones presentadas en la figura anterior.

2. Pulsemos aquí para acceder al servicio de *Deagrapa*.

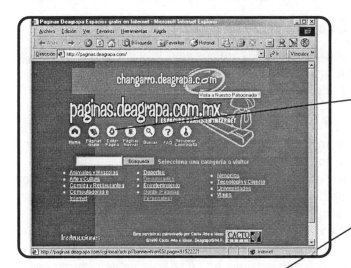

3. Pulsemos *Editar página*

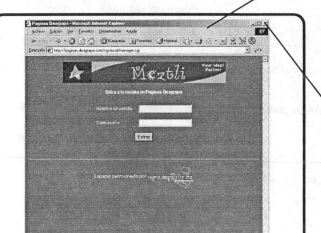

♦ Se presentará una nueva ventana pidiéndonos la clave de acceso y la contraseña.

Para obtenerlas tendremos que recibir el e-mail que nos enviará **Deagrapa** a la dirección que le indicáramos en los datos de suscripción.

4. Cerraremos entonces esta página y recibiremos el e-mail.

Recibamos la contraseña

Dejemos la página de la figura anterior en la pantalla y recibamos el e-mail:

5. Accedamos al sitio donde reside nuestro e-mail (si es con acceso por página web) y recibamos los mensajes.

 Nota:

Si tenemos una casilla de e-mail convencional, como sabemos, recibiremos los mensajes con Outlook mediante el comando *Enviar y recibir*.

Subamos nuestra página al servidor

El siguiente paso será construir nuestra página, pero no lo haremos aquí. Invitamos al lector a pasar al próximo capítulo, en donde crearemos una página Web muy sencilla y luego la copiaremos en el lugar adecuado de una de las ventanas de **Deagrapa** de modo que ésta quede disponible en la Web para ser libremente accedida.

Anticipamos desde ya que el Capítulo 17 sólo nos iniciará en los fundamentos necesarios para crear una página web, al solo efecto de poder completar el presente ejercicio y verificar que disponemos de una página que podrá ser accedida desde cualquier lugar del mundo.

A quienes deseen profundizar más sobre este tema de gran actualidad les recomendamos las obras de nuestra editorial dedicadas a los programas *FrontPage, Dreamweaver y Flash*, todos ellos relacionados con distintos aspectos de la creación de páginas WEB.

Ejecutemos entonces los pasos indicados en el Capítulo 17 para elaborar una página sencilla. Dicho capítulo finalizará con un último paso en el que copiaremos al *Portapapeles* el código HTML (veremos allí qué significa eso) de la página que habremos creado. A partir de allí, proseguiremos con el presente ejercicio.

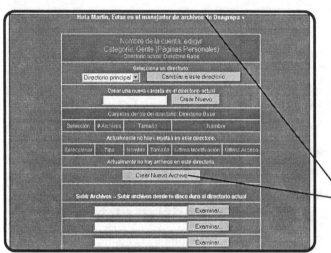

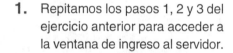

1. Repitamos los pasos 1, 2 y 3 del ejercicio anterior para acceder a la ventana de ingreso al servidor.

2. En la ventana siguiente (segunda figura de la página anterior) escribamos el **Nombre de cuenta** y la **Contraseña** que recibimos por e-mail y pulsemos **Entrar**.

3. Un mensaje de bienvenida nos indica que estamos ante el formulario que nos permitirá transferir al servidor la información de nuestra página. Ahora pulsemos **Crear nuevo archivo** para asignar un espacio en donde guardaremos nuestra página.

♦ En la imagen de nuestra PC estos dos campos se mostrarán vacíos.

4. Escribamos en el primero de ellos: **index.html** (así es como deben llamarse todas las páginas principales).

5. Pulsemos dentro del segundo campo y luego las teclas Control+V para pegar el código HTML obtenido en el Capítulo 17.

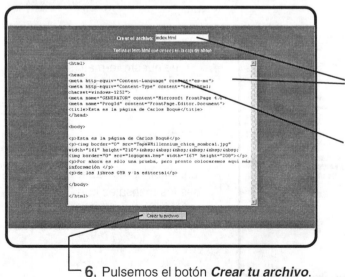

6. Pulsemos el botón **Crear tu archivo**.

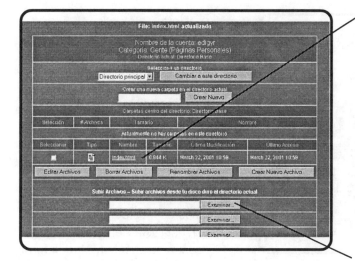

◆ Observemos los datos del archivo que acabamos de transferir.

Esta página nos mostrará todo lo que carguemos en el servidor Deagrapa y también nos permitirá agregar cualquier archivo suplementario que necesite la página.

Si en nuestra página hemos incluído alguna imagen, podremos "subirla" al servidor, y será necesario hacerlo para que las mismas se muestren dentro de la página.

7. Pulsemos el primer botón *Examinar*. Se abrirá un cuadro de diálogo para ubicar archivos.

Ya sabemos cómo proceder con este tipo de ventanas, por lo tanto...

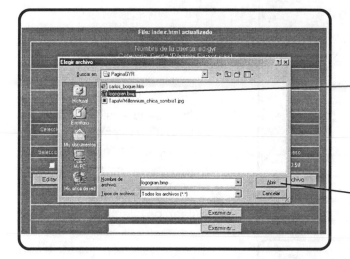

8. Ubiquemos el primero de los archivos de imagen (que como lo dispusimos en el Capítulo 17 estará ubicado en la misma carpeta que la página principal).

9. Pulsemos **Abrir**.

10. Repitamos ahora los pasos 8 y 9 para cada uno de los archivos complementarios (podrán ser más imágenes o bien otras páginas secundarias que llamemos desde la principal).

◆ El formulario presentará el aspecto de la figura, especificándose cada uno de los archivos seleccionados.

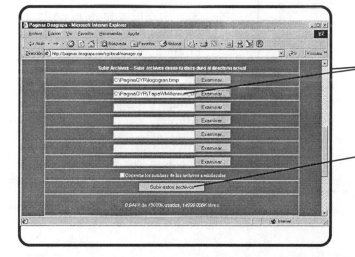

11. Pulsemos el botón *Subir estos archivos*, para que los mismos sean transferidos al servidor, y guardados en la misma carpeta que la página.

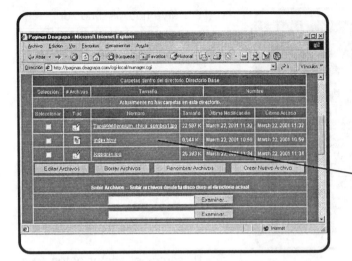

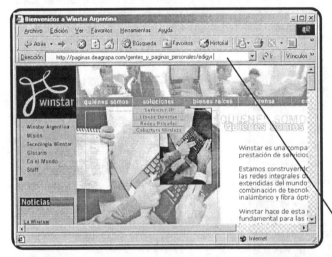

 Nota:

Este servidor sólo admite formatos de imagenes **jpg** o **gif**, por lo tanto, si por ejemplo en nuestra página hemos utilizado alguna imagen **bmp**, debemos previamente convertirla a **jpg** (lo que podemos hacer con el programa **Paint**).

◆ Si observamos la pantalla veremos que cada archivo que cargamos es incorporado a la lista. Y en esta lista siempre deberá encontrarse un archivo **index.html** que es la identificación de toda página web principal.

Accedamos a la página creada

1. Cerremos la conexión a Internet para asegurarnos en cuanto a que lo que encontremos provenga de ese mismo origen y no de archivos que se encuentran en nuestra PC.

2. Abramos Internet Explorer y en la barra de direcciones escribamos la dirección que recibiéramos por e-mail.

◆ Si el lector desea acceder a nuestra página (que el autor ha preparado mientras escribía el ejercicio) puede hacerlo en: **http://paginas.deagrapa.com/ gentes_y_paginas_personales/ edigyr**

Encontrará novedades sobre nuestras últimas ediciones.

Modifiquemos la página en el servidor

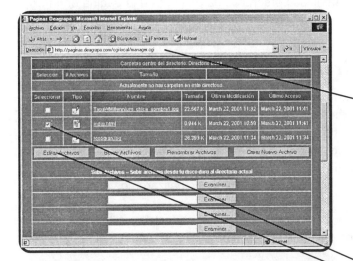

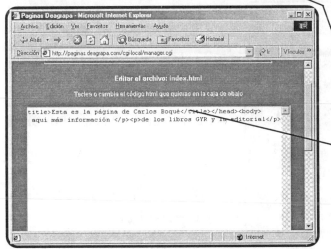

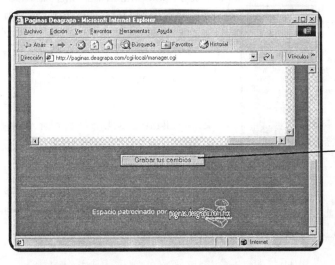

Es muy probable que por ser nuestra primera página hayamos cometido algún error.

Podemos acceder a nuestra página las veces que sea necesario para modificar, quitar o agregar elementos. El unico requisito será que recordemos nuestra clave de acceso.

1. Repitiendo pasos anteriores o bien escribiendo la dirección: **http://paginas. deagrapa.com/ cgi-local/manager.cgi** accedamos a nuestra página (clave y contraseña mediante).

Ahora supongamos que deseamos modificar algo de la página.

2. Activemos la casilla del archivo que deseamos modificar, en nuestro caso la página principal.

3. Pulsemos el botón *Editar*, y en instantes se presentará el código de la página que guardáramos oportunamente.

4. Podemos ahora editar ese texto (para lo cual es necesario conocer el lenguaje HTML) o bien seleccionarlo todo, copiarlo al *Portapapeles*, de allí copiarlo como página nueva a **Front Page**, modificar la página con ese programa y luego volver a efectuar el procedimiento que siguiéramos para subir la página al servidor.

Encontraremos las instrucciones necesarias para modificar esta página también en el Capítulo 17.

5. Ya modificado el código pulsemos *Guardar tus cambios*, para actualizar la información en el servidor, y estaremos en condiciones de probar si los cambios produjeron el efecto esperado.

No olvidemos agregar las imágenes

Si el cambio de la página incluyera alguna nueva imagen, debemos, además subir la imagen agregada. Accederemos a la página de los archivos personales (la primera de la página anterior) y ubicaremos la imagen (segunda figura de la página 183) para agregarla del mismo modo que lo hiciéramos anteriormente.

No ocupemos espacio innecesariamente

Es recomendable que nuestra carpeta en el servidor contenga sólo lo imprescindible. Así ayudaremos a otros a disponer del espacio necesario y a su vez no nos acercaremos tanto al límite de 15 Mb que tenemos prefijado como usuarios del servicio gratuito.

Es necesario mantener una carpeta en nuestra PC que será la copia exacta de la que cargamos en el servidor. Así trabajaremos con FrontPage en las páginas y objetos contenidos en esa carpeta local y una vez probado que el cambio funciona correctamente, actualizaremos el contenido del servidor.

Ya vimos cómo agregar; ahora borraremos los supuestos archivos que ya no utilizamos. Supongamos que hemos simplificado la página quitándole alguna de sus imágenes.

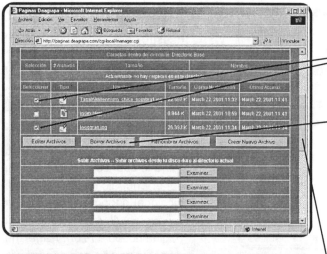

1. Accedamos nuevamente al *administrador de la página*.

2. Activemos la casilla de todos aquellos archivos que deseamos eliminar.

3. Pulsemos el botón **Borrar archivos**.

Modificar identificaciones de la página

Podemos cambiar nuestra clave, la contraseña, el título que aparece en la barra del explorador, etcétera, del siguiente modo:

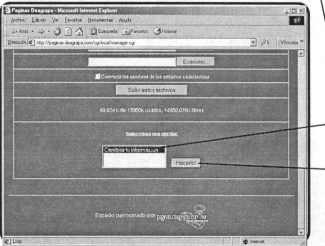

1. Desplacemos hacia el pie de esta página.

2. Pulsemos sobre la opción mostrada aquí para seleccionarla.

3. Pulsemos **Hacerlo**, para presentar un formulario con todos los datos identificatorios de la página que hemos creado (ver hoja siguiente).

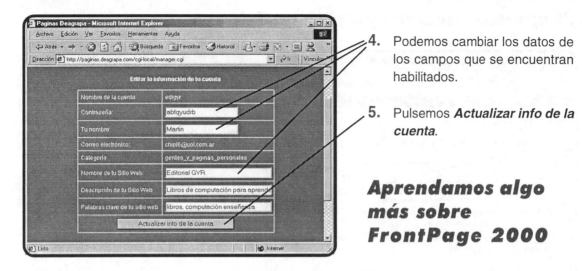

4. Podemos cambiar los datos de los campos que se encuentran habilitados.

5. Pulsemos *Actualizar info de la cuenta*.

Aprendamos algo más sobre FrontPage 2000

Si bien logramos colocar nuestra primera página en algún servidor, ésta es algo pobre, pero no debemos preocuparnos. Ya estamos seguros de que nuestra página tiene una dirección URL correcta y que, como ya vimos, podemos acceder a esta dirección para modificar la página, agregarle más objetos o páginas, etc.

Estamos seguros de que el lector no se conformará con la página propuesta y por lo tanto lo invitamos a que continúe con el Capítulo 18 en el lugar en que lo dejó cuando copió el código HTML para subir la página al servidor. Allí aprenderá algunos aspectos básicos de FrontPage que le permitirán perfeccionar el diseño ya creado.

Pero antes de continuar, veamos cómo será nuestro modo de trabajo con ésta o cualquier otra página que tengamos ya activa en un servidor.

Cómo trabajaremos en adelante

Los conceptos aquí expresados son válidos para operar con el servidor **Deagrapa** que acabamos de ver, con **tuwww** que veremos enseguida y con cualquier otro servidor que nos permita alojar nuestra página Web.

- Es conveniente siempre guardar todo lo relativo a la página en una misma carpeta. Y aún más, debemos copiar estos elementos (imágenes, por ejemplo) a esa carpeta antes de vincularlos a nuestras páginas de modo que se generen las referencias correctamente (direccionadas a dicha carpeta).

- Siempre guardemos la página antes de copiar el código HTML al servidor (tal como se muestra en el Capítulo 18, página 207). De este modo nos aseguraremos que disponemos de la misma versión de la página que hemos enviado.

- Una y otra vez incorporaremos modificaciones a la página que tenemos en nuestra PC, la grabaremos y la subiremos como se indicó en este mismo capítulo.

- Aunque por lo general los servidores nos muestran cuáles son nuestros archivos, es conveniente que anotemos de algún modo todos los archivos que hemos subido al servidor; una buena manera consiste en hacer una copia de la carpeta que los contiene antes de comenzar a trabajar. Así, cuando terminemos nuestro trabajo revisaremos, respecto de la carpeta copiada, qué archivos se agregaron, cuáles se modificaron y cuáles se eliminaron. De esta forma, podremos administrar prolijamente el contenido del servidor.

Ubiquemos nuestra página en TUwww

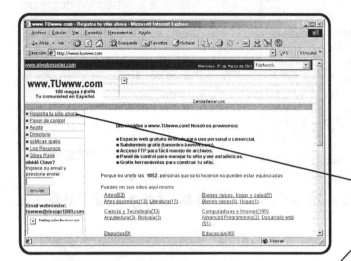

Otro sitio que nos presta un servicio de alojamiento de páginas Web similar al anterior, es **http://tuwww.com**.

1. Accedamos al sitio correspondiente escribiendo la dirección mencionada en la barra de direcciones.

2. Pulsemos ***Registra tu sitio ahora***, para acceder a la primera página de registro.

3. Completemos los datos del formulario.

*El dato **Usuario** no podrá contener espacios ni guiones bajos, sino solamente letras, números y guiones.*

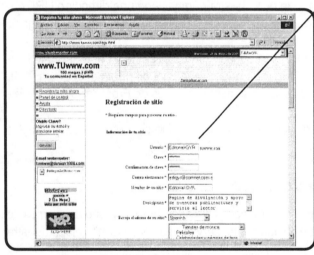

4. Una vez completados los datos avancemos la barra de desplazamiento para alcanzar el pie de la página, activemos la casilla ***Leí los términos del servicio listados y estoy de acuerdo***, y pulsemos el botón ***Ingresar***.

En el caso de que algún dato sea incorrecto aparecerá una ventana con fondo gris explicándonos el motivo del rechazo; volveremos al formulario para subsanar el error.

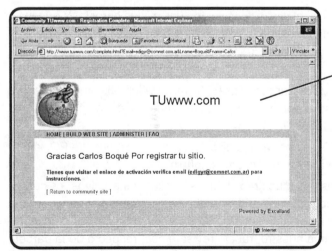

♦ Si los datos son correctos, la registración será aceptada, lo que se indicará con una ventana similar a la que se muestra aquí.

Como allí se indica, debemos recibir el correo electrónico en la dirección que indicáramos en el formulario anterior para obtener las instrucciones necesarias para activar este enlace.

5. Recibamos entonces nuestro correo.

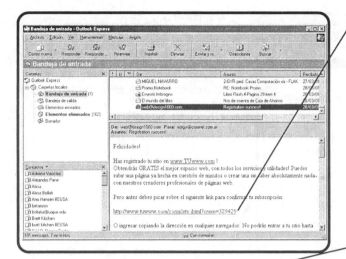

◆ En el e-mail recibido encontraremos un *link* a una dirección del servidor.

6. Pulsemos sobre dicho hipervínculo para acceder a la página correspondiente.

Esto confirmará a la empresa que hemos recibido correctamente el e-mail y que disponemos de las claves para acceder a nuestro dominio recién registrado.

◆ Al abrirse la página obtendremos el mensaje de la figura, lo que nos indica que estamos en condiciones de comenzar a crear la página o bien copiar la que ya hemos creado.

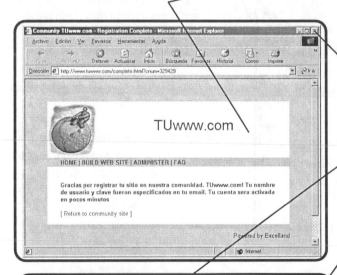

7. Aunque ya tenemos la opción de comenzar a trabajar en nuestra página, cerremos esta ventana y accedamos a nuestro dominio.

8. Ubiquemos en el e-mail recibido el ítem indicado como **Dirección de tu página**, y escribamos la dirección en la barra del explorador para acceder al sitio correspondiente.

◆ El hipervínculo **centro administrativo de miembros** es el acceso al mantenimiento de nuestra página;

9. Para no perder esta dirección agreguémosla a *Favoritos*. Luego pulsemos sobre la misma para ingresar al sitio.

10. Completemos ahora los datos de **Usuario** y **Contraseña**, tomándolos del e-mail, y finalmente pulsemos *Aceptar*.

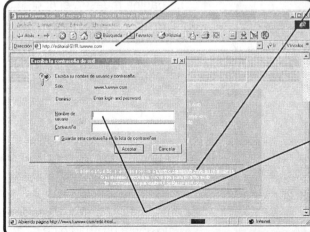

 Nota:

Debemos escribir el nombre completo, es decir, incluyendo al final **.tuwww.com**.

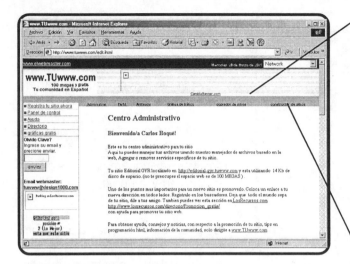

◆ Recibimos la página de bienvenida al centro administrativo, un sitio en donde podremos llevar a cabo todas las tareas de mantenimiento y desarrollo de nuestra página.

11. Si pulsamos la opción **Constructor de sitios**, accederemos a un asistente (no trataremos esto aquí) que nos guiará paso a paso en la tarea de construir nuestra página.

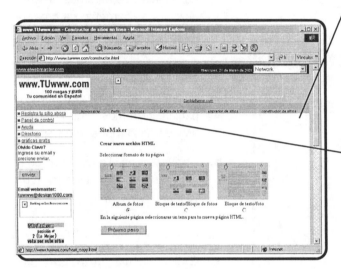

12. Como en nuestro caso tenemos la página Web ya creada, pulsemos **Archivos** para subir las páginas y archivos complementarios que, según lo que ya hicimos, se encontrarán todos en una misma carpeta.

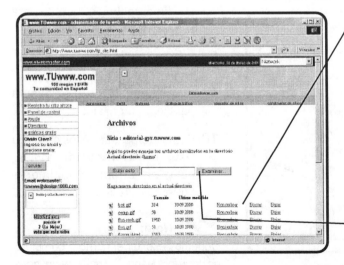

◆ La página muestra el contenido de nuestro sitio en donde vemos archivos que no hemos subido; estos son agregados "como obsequio" por el servidor.

13. Pulsemos el botón **Examinar**. Esto abrirá un cuadro de diálogo estándar de *Abrir archivo*.

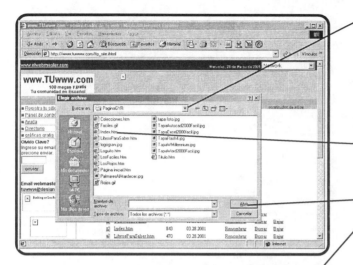

14. Ubiquemos la carpeta de nuestra página.

15. Subiremos uno a uno todos los archivos que tenemos en la carpeta dedicada a nuestra página Web repitiendo los pasos **a**, **b**, **c**, y **d**.

a. Seleccionemos el archivo a subir, (comencemos por la página principal **index.html**).

b. Pulsemos el botón **Abrir**.

◆ La ruta y el nombre del archivo elegido se cargarán en el campo.

c. Pulsemos el botón **Subir esto**.

d. Cuando vuelva a mostrarse esta página pulsemos nuevamente **Examinar** para presentar el cuadro de la figura anterior.

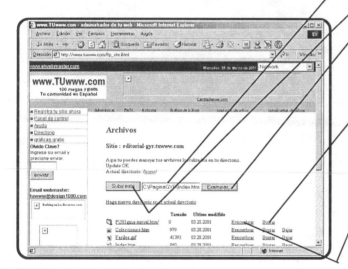

16. Si deseamos eliminar alguno de los archivos subidos (o los que colocó el servidor), pulsaremos en el hipervínculo **Borrar** de la línea correspondiente.

17. Si necesitamos renombrar algún archivo, pulsaremos el correspondiente hipervínculo **Renombrar** y escribiremos su nuevo nombre en un cuadro de diálogo que se presentará a tal efecto.

Después de un cambio actualicemos el servidor

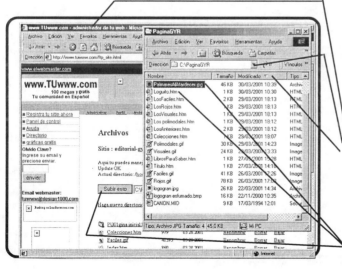

1. Abramos la página anterior.

2. Abramos en Mi PC la carpeta con los archivos de la página y ordenemos por fecha descendente (pulsando una o dos veces el encabezado de la columna **Modificado**).

3. Subamos todos los archivos de fecha posterior al último que se muestra en la página.

18 Creemos la página Web

Utilicemos FrontPage

Por ser parte del paquete Office 2000, es conveniente utilizar FrontPage 2000 como el programa básico de edición de páginas Web, sin perjuicio de tener en cuenta que existen muchos otros programas que se encargan de la misma tarea o bien la complementan, permitiendo agregar a la página diversos objetos, tanto funcionales como ornamentales.

Qué es una página Web

Así como los archivos tipo DOC pueden abrirse y editarse con el programa Word, los archivos tipo HTML pueden abrirse con Internet Explorer, Netscape y cualquier otro programa explorador.
En este caso existe sólo una salvedad; abriremos la página WEB desde Internet (o en la PC local) sólo para verla y navegar entre distintas páginas, pero no podremos editar las mismas con estos programas, ya que son solamente navegadores. Como ya lo hemos dicho, existen varios programas editores de páginas con los que podremos crear nuevas páginas, así como también abrir páginas existentes, ya sea para verlas o para modificarlas.
La característica distintiva de las páginas WEB respecto de otros tipos de documentos consiste en la conectividad entre las mismas.
Una página WEB se abre como cualquier otro archivo (en este caso con Internet Explorer) con sólo pulsar doble clic sobre el archivo en la ventana de Mi PC; pero también se abrirá si pulsamos (con un solo clic) sobre una referencia a la misma (*hipervínculo*) que puede encontrarse (o, mejor dicho, suele encontrarse) en otra página WEB.

Qué es URL

La dirección de la página es el texto que debemos tipear en la barra de direcciones del explorador para que éste ubique a dicha página. URL (por **U**niform **R**esource **L**ocator) es, como lo indica la sigla, un método uniforme para ubicar a la página, dondequiera que ésta se encuentre.

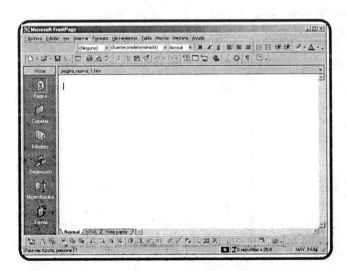

El explorador es capaz de reconocer si se trata de una dirección local (el disco fijo de nuestra PC), una dirección de red (otras PC conectadas a la nuestra mediante un cable) o bien una dirección de WEB.

Ingresemos a FrontPage 2000

1. Si contamos con Office 2000, encontraremos en la sección del menú dedicada a este paquete el icono correspondiente , pulsémoslo.

Preparemos el terreno

Por lo general, las páginas que crearemos incluirán alguna imagen u otro elemento que será preciso crear por separado. Si bien los incorporaremos a la página y los veremos dentro de ella, los archivos correspondientes quedarán afuera y la página incluirá vínculos a los mismos.

Estos vínculos se activarán cuando se presente la página en la pantalla y permitirán que podamos observar las imágenes correspondientes en el lugar en que fueron colocadas.

Para que este mecanismo de vínculo encuentre a las imágenes, es conveniente (si bien no es el único modo) que las mismas se encuentren dentro de la misma carpeta que la página Web que crearemos.

2. Preparemos por lo tanto una carpeta (en nuestro ejemplo la hemos llamado **PaginaGYR**) y coloquemos allí todas las imágenes (jpg o gif) que deseamos incluir en la página.

Nota:

Si bien FrontPage acepta cualquier formato de imagen, no ocurre lo mismo con todos los servidores en donde podemos alojar nuestra página. En el caso de **deagrapa** (ver capítulo anterior) sólo podemos utilizar imágenes **gif** o **jpg**.

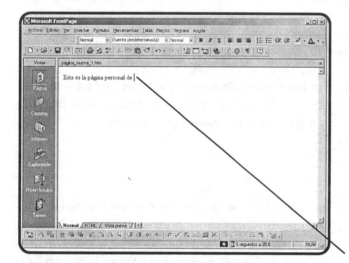

Creemos nuestra página

Hecho esto podemos comenzar a crear la página. Mostraremos aquí sólo unos pocos elementos que podemos incluir en nuestras páginas. Con ellos crearemos un diseño muy sencillo con el único propósito de comprobar el funcionamiento del servidor que alojará nuestra página.

La ventana se encuentra preparada para que comencemos a escribir.

3. Escribamos algún texto como:

Esta es la página personal de

seguido de nuestro nombre.

4. Abramos Mi PC y ubiquemos la carpeta creada en el paso 2

5. Pulsemos sobre el archivo correspondiente (en Mi PC) y llevemos dentro de la página. La imagen se ubicará a continuación del texto.

6. Insertemos alguna otra imagen utilizando el mismo método o bien escribamos otro texto.

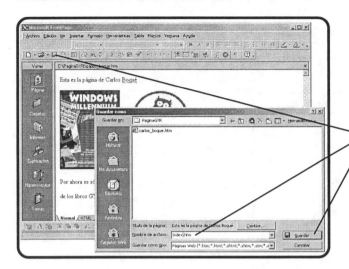

7. Podemos considerar a las imágenes como caracteres grandes incluídos dentro del texto; si necesitamos acomodar los objetos procedamos como si se tratara de un documento Word.

8. Grabemos este diseño con el nombre **index.html**, en la misma carpeta en donde anteriormente incluímos las imágenes.

 Nota:

Ya explicamos en el capítulo anterior que la página principal de nuestro diseño deberá llevar el nombre de **index**.

Los modos de trabajo de FrontPage

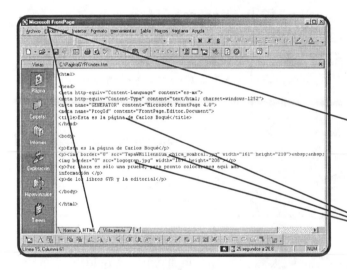

9. Estando en pantalla la página que acabamos de diseñar, pulsemos la solapa **HTML**, para ver lo que realmente es nuestra página WEB.

◆ Observemos la disposición de los textos que hemos escrito y las referencias a las imágenes que contiene la página.

Todo lo que generamos es un simple archivo de texto que interpretado por el explorador o FrontPage, conjuntamente con los objetos (en este caso las imágenes) referidos en este texto nos muestran la apariencia de una página WEB.

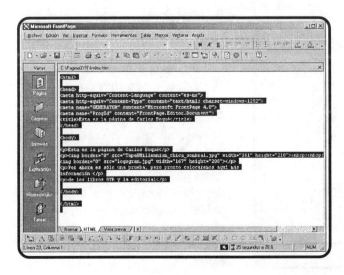

10. Seleccionemos todo el texto, y pulsemos [Control]+[C] para enviar una copia del mismo al ***Portapapeles***.

Sigamos ahora con el paso 5 del Capítulo 16, (página 182).

Con Frames (marcos) es otra cosa

Como vimos, diseñar una página es algo tan sencillo como crear un documento Word, si bien esta sencillez puede representar una desventaja a la hora del diseño, pues no dispondremos de la libertad que nos proporcionan programas de diseño como PageMaker o CorelDraw, donde podemos ubicar los objetos en cualquier parte.

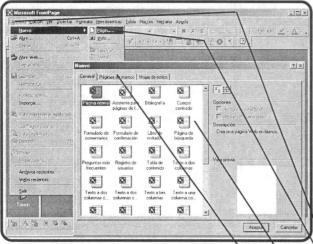

Pero podemos salvar esta limitación dividiendo la página en distintos paneles; así, creando sectores, lograremos dividir el problema y nos resultará más fácil llegar al diseño deseado.

Utilicemos una plantilla de marcos

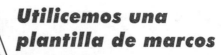

1. Abramos FrontPage 2000 y seleccionemos la opción: *ARCHIVO, Nuevo, Página*.

   ♦ Se presentará la ventana de plantillas para páginas simples.

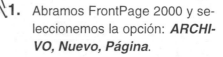

2. Pulsemos la solapa *Páginas de marcos*.

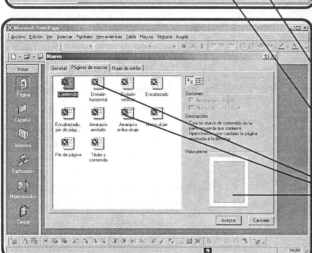

3. Pulsemos sobre cada uno de los iconos y observemos su diseño en el panel de muestra.

4. Optemos por aquél cuyas divisiones se adapten mejor al diseño que nos proponemos; por ejemplo, *Encabezado, pie de página y contenido*.

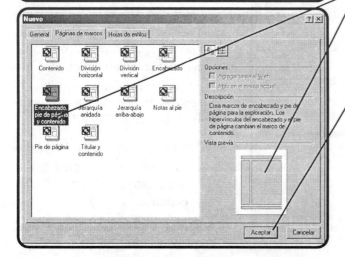

5. Pulsemos *Aceptar*.

Este tipo de disposición nos permite un título, un sector inferior a modo de base, una lista (columna de la izquierda) y nos mostrará en el panel principal (el sector mayor) el contenido del elemento que seleccionemos de la lista. Veamos cómo funciona todo esto.

Cada marco es una página

Hemos generado una página de marcos que contiene cuatro sectores (por ahora libres) en los que

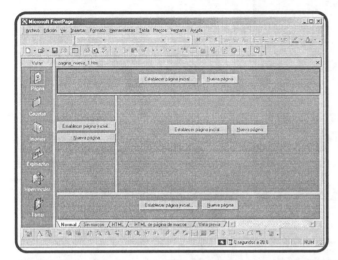

se colocarán otras tantas páginas normales como la que ya conocemos.

La página de marcos (que por ser la página principal deberá ser grabada como **index.html**) no es en sí una página con cara visible sino sólo una estructura contenedora, que abrirá y mostrará las cuatro páginas que se encuentren referidas en cada uno de sus sectores.

Guardemos la página de marcos

Comencemos por guardar esta estructura de páginas:

6. Pulsemos el icono *Guardar*, asignemos el nombre *Index.html*, y luego pulsemos el botón *Guardar*.

♦ El esquema del cuadro *Guardar* muestra en azul el fondo de la plantilla, lo que indica que no se está guardando ninguna de las páginas particulares sino la *página de marcos*.

Ahora, dentro de cada marco colocaremos una página, lo que podemos hacer de dos maneras distintas:

♦ Colocando allí una referencia a una página existente (botón *Establecer página inicial*).

♦ Diseñando directamente la página (botón *Nueva página*).

Utilizaremos aquí uno u otro método según convenga en cada caso.

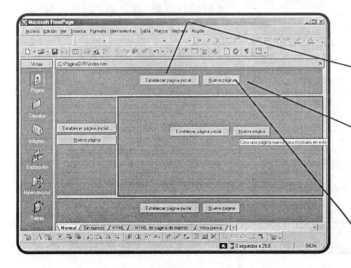

7. Pulsemos aquí para editar el primer marco.

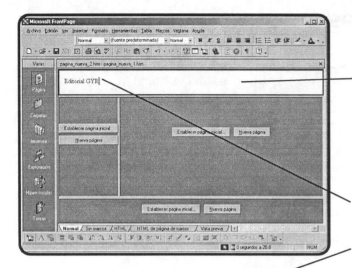

Diseñemos el primer bloque

* Al pulsarse el botón **Nueva página**, el sector correspondiente se mostrará blanco, listo para ser editado.

Crearemos ahora una página sencilla que hará las veces de título.

8. Escribamos el texto que será el título.

9. Seleccionemos un estilo para el título; elijamos **Encabezado 1** por ser la tipografía más grande.

 Nota:

Podemos aplicar formatos particulares (seleccionamos el texto y elegimos tipografías y tamaños) o bien emplear estilos predefinidos como los que vemos en la lista del menú.
El utilizar estilos nos permitirá lograr diseños más uniformes y prolijos; luego, cuando hayamos adquirido más experiencia podremos aplicar los formatos específicos que consideremos convenientes.

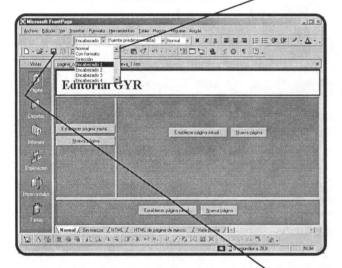

Qué ocurre ahora cuando guardamos

10. Pulsemos nuevamente el botón **Guardar**.

* El esquema muestra ahora en azul el marco que acabamos de modificar.

11. Guardemos esta página con el nombre **Titulo.htm**.

Prestemos siempre mucha atención al esquema para evitar confusiones.

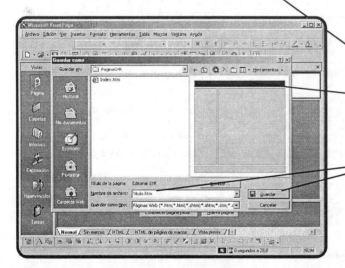

Creemos las páginas que ocuparán el sector principal

Crearemos ahora la primera de las páginas que ocuparán el sector central.

1. Sin dejar la página de marcos pulsemos el botón **Nueva Página**. Se presentará la ventana de diseño en blanco.

2. Escribamos un texto de presentación de la página.

3. Asignémosle un formato: **Encabezado 2** (ver segunda figura de la página anterior).

4. Copiemos una imagen a la carpeta en donde guardamos los elementos de la página.

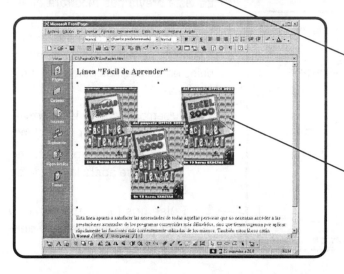

5. Seleccionemos del menú **INSERTAR, Imagen, Desde archivo** y en el cuadro de diálogo correspondiente seleccionemos el archivo copiado en el paso anterior. Esta es otra forma de colocar una imagen en una página.

6. Escribamos debajo algún texto explicativo o de contenido de la página.

7. Pulsemos **Guardar** y asignémosle **LosRojos.htm** como nombre. Si apareciera un cuadro de control de imágenes con el nombre de la imagen colocada pulsemos *Aceptar*.

8. Del mismo modo creemos una segunda página y llamémosla **LosFaciles.htm**.

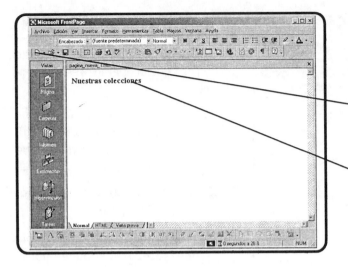

Creemos una página con una lista de vínculos

1. Pulsemos otra vez el botón *Nuevo* para presentar la pantalla en blanco.

2. Escribamos como título **Nuestras colecciones**, y apliquémosle un formato *Encabezado 3*.

3. Pulsemos `Enter ←` para pasar a un nuevo renglón.

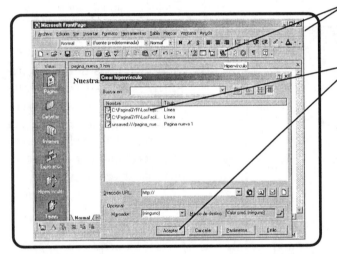

4. Pulsemos *Insertar hipervínculo*, para abrir el cuadro de diálogo correspondiente.

5. Seleccionemos el vínculo que nos lleva a la página **Los rojos** y pulsemos *Aceptar*.

6. Pulsemos `Enter ←` para pasar a la siguiente línea y luego insertemos del mismo modo un vínculo a **Los faciles**.

Utilicemos la vista previa

La vista previa nos mostrará el aspecto que presentará la página cuando la abramos en el explorador y también permitirá activar hipervínculos en las páginas para traer otras páginas

7. Pulsemos la solapa *Vista previa*; la misma pasará a primer plano.

8. Pulsemos sobre el primer hipervínculo y se abrirá la página de Los Rojos.

9. Pulsemos la solapa *Normal* para restablecer la página principal (la lista de vínculos).

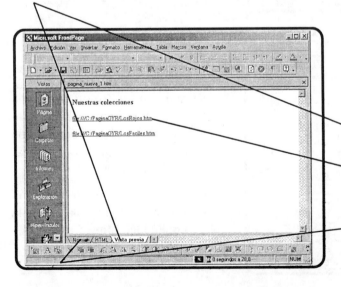

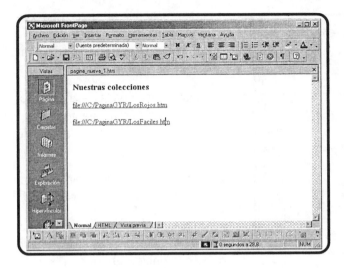

10. Volvamos a pulsar *Vista Previa* y luego pulsemos el segundo hipervínculo para presentar la segunda página que hemos creado.

 Nota:

Utilizamos el modo *Normal* como una forma de restablecer la página *llamadora* en el momento en que la *Vista previa* se encuentra mostrando a una de las páginas *llamadas*.

11 Volvamos al modo *Normal* para restablecer la página principal y guardemos esta página con el nombre *Colecciones*.

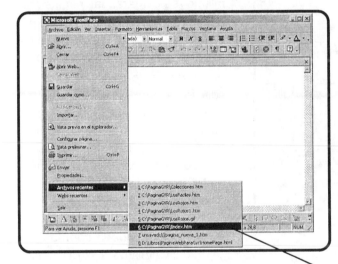

Vinculemos las páginas creadas a las secciones de la página de marcos

Ahora crearemos los vínculos necesarios para que las páginas que creamos se ubiquen en los marcos correspondientes.

Aprovecharemos una particularidad de este tipo de disposición; el sector que se muestra con un tamaño mayor es dependiente del marco que se encuentra a su izquierda, en donde colocaremos la lista de vínculos.

1. Abramos la página **Index.htm**.

♦ Si abrimos el menú *Archivos recientes*, seguramente se encontrará allí.

2. Pulsemos el botón *Establecer página inicial*, del sector izquierdo.

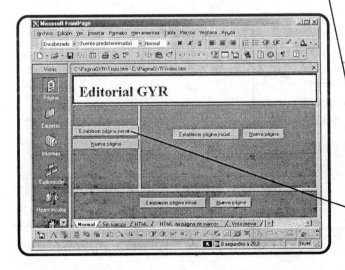

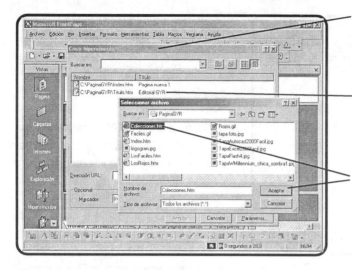

◆ Se presentará el cuadro que contiene la lista de vínculos y sobre el mismo un cuadro estándar para abrir archivos.

◆ Obsérvese que la página de títulos que creáramos anteriormente aparece ahora en la lista de vínculos.

3. Seleccionemos la página **Colecciones .htm** y pulsemos *Aceptar*.

Ya estaríamos en condiciones de utilizar esta página combinada. Sólo debemos decidir ahora cuál será el contenido del sector central. En el mismo se cargarán las páginas correspondientes a los vínculos que pulsemos en la lista de la izquierda, pero aparecerá inicialmente en blanco.

Podríamos colocar allí una foto del edificio de la empresa o alguna imagen que la represente para que sea lo primero que vea el visitante al abrir la página. En nuesto ejemplo colocaremos por ahora una imagen cualquiera; ya sabemos que luego podremos cambiarla fácilmente.

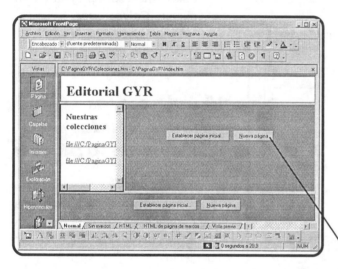

4. Pulsemos *Nueva página*, para crear ya mismo la página inicial.

5. Abramos la ventana de Mi PC, ubiquemos una imagen y llevémosla dentro de la nueva página.

6. Es probable que la imagen exceda el espacio disponible en el marco. En ese caso pulsaremos sobre ella para presentar los manejadores (unos pequeños cuadrados negros en las esquinas) y luego, pulsando sobre el manejador superior izquierdo, llevaremos hacia adentro una y otra vez hasta lograr que la imagen se ajuste al marco.

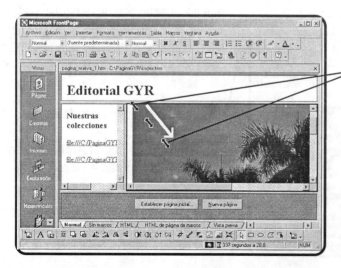

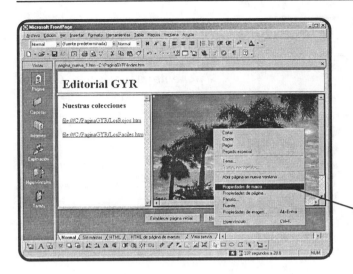

Ajustemos los márgenes

Si la imagen colocada presentara espacios blancos arriba o a la izquierda, podemos reducir los márgenes de la página a cero de modo que la imagen ocupe totalmente el marco:

7. Pulsemos dentro del marco con el botón derecho y del menú contextual seleccionemos **Propiedades del marco**.

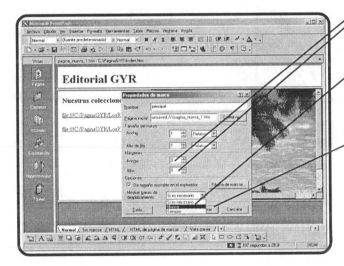

8. Coloquemos el valor cero(0) para ambos márgenes.

9. Eliminemos las barras de desplazamiento seleccionando aquí la opción **Nunca**.

10. Pulsemos **Aceptar**.

Agreguemos una marquesina de texto en movimiento

Utilizaremos un tipo de objeto que nos permitirá dar algo de movimiento a nuestra página.

11. Pulsemos sobre el botón **Nueva página** del marco inferior.

12. Pulsemos sobre el marco en blanco y escribamos algún texto, ajustando la tipografía de modo que ocupe todo el ancho disponible.

13. Seleccionemos el texto recién ingresado.

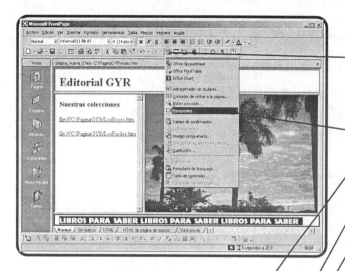

14. Pulsemos el botón *Insertar componente* para presentar el menú correspondiente.

15. Seleccionemos *Marquesina*.

◆   Observemos las opciones de comportamiento y de velocidad.

16. Pulsemos *Aceptar*.

17. Pulsemos la solapa *Vista previa* para observar el resultado.

18. Pulsemos ahora la solapa *Normal,* luego sobre la marquesina con el botón derecho y del menú contextual seleccionemos *Propiedades de la marquesina* para volver a presentar el cuadro de parámetros.

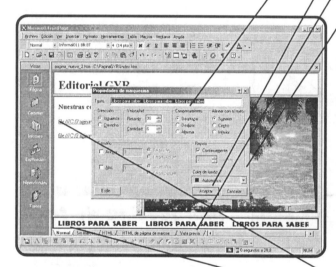

19. Cambiemos alguno de sus parámetros, pulsemos *Aceptar* y volvamos a *Vista previa*.

20. Repitamos los pasos 17 y 18 hasta lograr el efecto de movimiento y la velocidad deseados.

Mejoremos la lista de vínculos

La lista de la izquierda nos está mostrando el nombre del archivo vinculado. Sería mejor que mostrara un texto que haga alusión al contenido de la página. Hagamos lo siguiente:

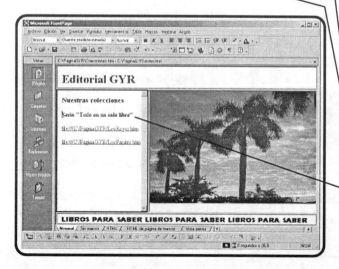

1. En vista *Normal*, pulsemos a la izquierda del primer hipervínculo.

2. Escribamos: **Serie "Todo en un solo libro"** ⏎Enter↵ y apliquémosle **negrita**.

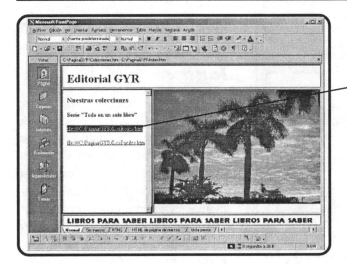

3. Seleccionemos todo el texto del hipervínculo y pulsemos Control+X para enviarlo al *Portapapeles*.

4. Seleccionemos ahora el texto que acabamos de escribir y pulsemos sobre la selección con el botón derecho.

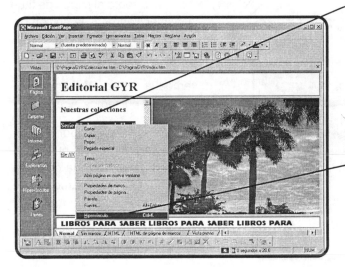

5. En el menú contextual optemos por *Hipervínculo*.

6. Borremos el contenido actual del campo *Dirección URL* y pulsemos Control+V para pegar la dirección del vínculo anterior que copiáramos al *Portapapeles* en el paso 3. Deberá verse la dirección que se muestra en la figura.

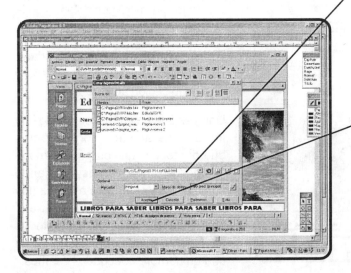

7. Pulsemos *Aceptar*, y el texto se habrá transformado ahora en un hipervínculo a la página "Los Rojos.htm".

8. Hagamos lo mismo con el segundo vínculo reemplazándolo por el texto **Serie "Fácil de aprender"**.

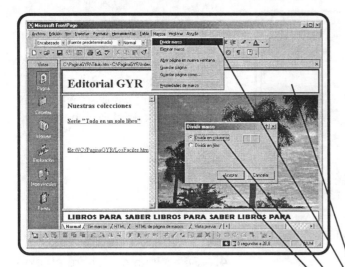

Dividamos un marco para colocar un logo

Si intentáramos colocar una imagen a la derecha del título, sabemos que la misma se insertará como si fuera un carácter del texto y sabemos también que no siempre podremos ubicarla en el lugar deseado. Para evitar este problema, *robaremos* una parte del marco para crear otro pequeño marco a su derecha y colocar allí la imagen cómodamente.

1. Pulsemos sobre el marco de título y seleccionemos la opción de menú **MARCO, Dividir marco**.

2. En el cuadro **Dividir marco** activemos la casilla **Dividir en columnas** y pulsemos **Aceptar**.

3. Ubiquemos el señalador en el límite entre los marcos, pulsemos y arrastremos hacia la derecha para que el nuevo marco quede aproximadamente cuadrado.

4. Pulsemos el botón **Nueva página** del nuevo marco.

5. Seleccionemos una imagen tipo logo y arrastrémosla dentro de la nueva página del nuevo marco.

6. Del modo que ya sabemos daremos a esta imagen el tamaño y la ubicación adecuadas.

Una vez que hayamos terminado con los últimos ajustes, no olvidemos guardar todo lo que creamos o modificamos. Como estamos trabajando con varios documentos a la vez (los distintos marcos), debemos ser cuidadosos y asegurarnos de que todos los nuevos documentos se guarden con un nombre adecuado. Veamos:

Prestemos atención a lo que guardamos

Como primera medida veamos cuáles son las páginas no guardadas. Si pulsamos sobre cualquiera de los marcos veremos que en la barra de estado (borde superior de la pantalla) se muestra el nombre de la página que contiene el marco, seguido del nombre de la página de marcos (esta última será la misma para todos los marcos).

Así, si pulsamos (de izquierda a derecha y de arriba hacia abajo) en cada uno de los marcos veremos en la barra de estado:

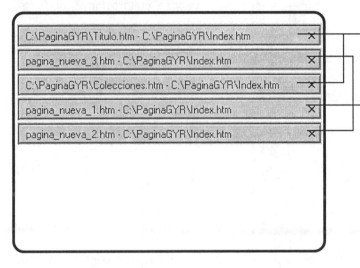

◆ Notemos que las páginas ya guardadas contienen el nombre de ruta y archivo.

◆ Las que aún no se guardaron no contienen la ruta, y su nombre de archivo es página_ nueva_xx

Podremos saber así qué páginas nos falta guardar. Una vez seleccionada, controlaremos la barra de estado y pulsaremos el botón guardar, asignándole el nombre que consideremos adecuado.

De todas maneras, cuando pulsamos *Guardar* aparece un esquema en el que se señala en color azul cuál es el marco que estamos guardando.

1. Pulsemos con el botón derecho sobre alguno de los cuadros, por ejemplo el de la lista de colecciones, y seleccionemos *Propiedades de la página*.

Coloquemos imagen y sonido de fondo

Podemos realzar nuestras presentaciones colocando un sonido de fondo. Asimismo, podemos reemplazar el fondo blanco de la página por alguna imagen.

Respecto del sonido de fondo, debemos tener en cuenta que si creamos una página de marcos, sólo se excuchará el sonido asociado con ésta; no se oirán los sonidos que puedan tener asociados las páginas contenidas en los mismos, aunque si abrimos estas páginas en forma independiente, el sonido se escuchará.

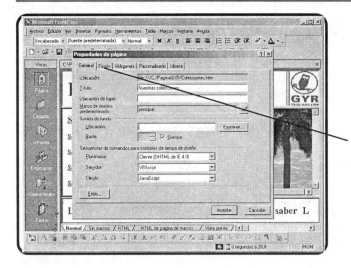

2. Pulsemos la solapa *Fondo*, para pasar al cuadro correspondiente.

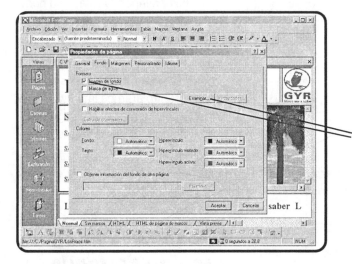

3. Activemos la casilla *Imagen de fondo* y pulsemos *Examinar*.

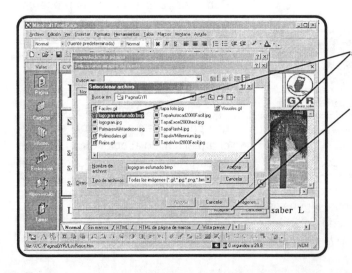

4. Seleccionemos el archivo de imagen y pulsemos *Aceptar*.

5. Pulsemos nuevamente *Aceptar* en el cuadro anterior.

- La imagen elegida se repetirá a lo largo y a lo ancho hasta llenar el área de la página.

7. Para asociar un sonido con la página de marcos seleccionemos la opción *Propiedades* del menú *ARCHIVO*.

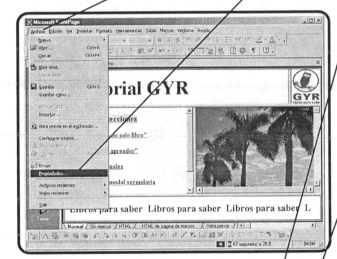

8. Pulsemos el botón *Examinar*.

9. Se presentará un cuadro similar al último que vimos en la página anterior y allí elegiremos el archivo, pulsaremos *Aceptar*, y nuevamente *Aceptar* en el cuadro anterior para volver a la vista de la página de marcos.

10. Pulsemos la solapa *Vista previa* y escucharemos el sonido asignado.

11. Cerremos el programa y contestemos *Sí* a todas las preguntas sobre *¿Guardar cambios...?*.

12. Abramos en el explorador la página *Index.html* para una última comprobación.

13. Conectémonos con el sitio de mantenimiento de la página y, como ya lo vimos anteriormente, actualicemos los archivos que cambiaron seleccionándolos y luego copiándolos pulsando los botones *Subir estos archivos* (si el servidor es *PaginasDe-Agrapa*), *Subir esto* (si hemos optado por *Tuwww*) o bien el que corresponda si hemos optado por algún otro servidor.

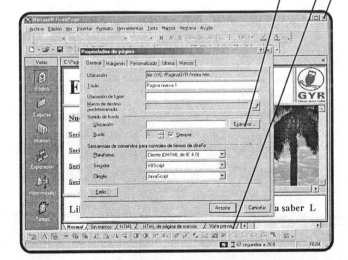